U0112895

谋定天下系列

谋登大宝
隋朝开国奇谋

姜若木 编著

台海出版社

图书在版编目（CIP）数据

谋登大宝：隋朝开国奇谋 / 姜若木编著·－北京：
台海出版社，2013.7
　ISBN 978-7-5168-0226-7

　Ⅰ.①谋…　Ⅱ.姜…　Ⅲ.①中国历史-隋代-通
俗读物　Ⅳ.①K241.09
　中国版本图书馆CIP数据核字（2013）第149856号

谋登大宝：隋朝开国奇谋

编　　著：姜若木

责任编辑：王　艳　　　　　　　装帧设计：候　泰

版式设计：姚　雪　　　　　　　责任印制：蔡　旭

出版发行：台海出版社

地　　址：北京市劲松南路1号，邮政编码：100021

电　　话：010-64041652（发行，邮购）

传　　真：010-84045799（总编室）

网　　址：www.taimeng.org.cn/thcbs/default.htm

E-mail：thcbs@126.com

经　　销：全国各地新华书店

印　　刷：北京柯蓝博泰印务有限公司

本书如有破损、缺页、装订错误，请与本社联系调换

开　　本：710×1000　1/16

字　　数：210千字　　　　　　印　　张：16.25

版　　次：2013年10月第一版　　印　　次：2013年10月第一次印刷

书　　号：ISBN978-7-5168-0226-7

定　　价：33.00元

前　言

当我们聊起隋朝的时候，恐怕想得最多的是那位臭名昭著的昏君隋炀帝杨广吧。但是对于隋朝的开国皇帝隋文帝，大家又知道多少呢？

今天我们就走进隋朝，了解大隋开国皇帝隋文帝，了解他所开创的"开皇盛世"。

《隋书·高祖本纪》载：（高祖）以大统七年六月癸丑夜生于冯翊般若寺，紫气充庭。有尼来自河东，谓皇妣曰："此儿所从来甚异，不可于俗间处之。"尼将高祖舍于别馆，躬自抚养。……为人龙颔，额上有五柱入顶，目光外射，有文在手曰"王"。

六镇兵变，建国一百多年的北魏，从此风雨飘摇。不久之后，混乱加剧，北魏一分为二，竟成了三足鼎立之势。在这场大混乱中，来自武川镇的十八岁青年杨忠，从一个士兵开始，转战南北。这个杨忠，就是后来的隋文帝杨坚的父亲。

在隋朝完成大一统之前，中国的历史正处于大分裂时代——自从西晋灭亡后，中国就陷入了四分五裂之中，这种分裂，长达将近三百年的时间。这段历史是除了春秋战国之外，中国最长的一个分裂期。

靠着父亲的军功，杨坚很快就跻身北周核心权力层，而后他趁势夺权，建立隋朝：灭亡南陈，统一中国；降服突厥，逼其称臣；西和吐谷浑，以德服人；推行均田，输籍定样；澄清吏治，整顿行政；厉行节俭，提倡孝道；推行科举，修造运河等等。在他的努力之下，中国的历史上出现了一个盛世——开皇之治。而杨坚本人，也得到了最为崇高的评价——圣人可汗。

隋与秦相似，对统一中国、改革和开创各项事业都曾作出过开创性的贡献，但由于他们的改革力度过大，不但触犯了诸多方面的利益，而且超越了民心国力的承受范围，以至于都成了短命的过渡朝代。

但这并不能磨灭隋文帝的智谋。美国学者迈克尔曾说过：中国的皇帝隋文帝成功地统一了历经数百年严重分裂后的中国，自从那时起，中国在大多数的世纪里都保持着他所建立的政治统一，因而基本上是世界上强大的国家之一。政治统一带来的一个重要结果是中国人——大体占世界总人口的五分之———比欧洲、中东和世界上大多数其他地区的居民都少受战争恐怖的折磨之苦。……隋文帝最重要的改革之一是实行通过科举考试选拔政府官吏的制度。在许多世纪中，这种制度不断地把全国各地和各阶层才华出众的人输送到政府机关，为中国提供一批批非常得力的行政官吏……隋文帝对历史的影响仍比查理曼大很多。不论在中国还是在欧洲，像隋文帝那样拥有持久影响的帝王的确为数不多。

目　录

第一章　生在乱世，赢在起点

在长达三百多年的两晋南北朝时期，只有西晋王朝有过短暂的统一，其余时候，中华大地一直都处在四分五裂的状态之中。杨坚的父亲杨忠凭着一腔忠勇，成为了西魏十二大将军之一，为杨坚以后进入权力中心打下了基础。

第二章　英武神勇，崭露锋芒

随着宇文泰离世，西魏谢幕，北周建立，大权落到了宇文护的手中，杨坚开始了在权臣和皇帝的夹缝中艰难生存的日子。之后，北周经过了一系列的改革，使内部安定，然后灭亡北齐，统一北方。在这场统一战争中，杨坚表现出色，升为上柱国，由此，崭露锋芒。

第三章　暗结党羽，掌控朝纲

北周如日中天，但是武帝在统一全国的战争中，壮志未酬身先死。在这个时候，杨坚作为国丈，一跃成为了朝中的重臣。

谋登大宝

隋朝开国奇谋

第四章　伺机逼宫，受禅登基

通过宫廷政变上台的杨坚，当务之急就是要牢牢地控制京师，挟天子以令诸侯，为自己的改朝换代搭好桥梁。要想控制京师，就必须完全掌握国家的一切，组建忠诚于自己的队伍，清除异己分子，镇压反抗势力。

第五章　除旧布新，锐意改革

隋朝建立，万象更新。展望未来，杨坚雄心勃发，立志要超越以往任何一代帝王，成为万民企慕的救世圣主。因此，他给自己的新王朝起的年号为：开皇。

目录

第六章　御侮靖边，四海臣服

开皇初年，在隋文帝杨坚进行大手笔的改革，意图勾勒出新帝国的轮廓的时候，外敌却四面入侵。为了不再受制于人，杨坚开始御侮安邦。

第七章　重贤任能，驭人有方

宫廷之变让隋文帝杨坚非常顺利地改朝换代，但是因为没有经历战争，所以就没有那么多忠诚之人。为了收拢人心，隋文帝开始重贤任能。

谋登大宝

隋朝开国奇谋

第八章 政治修明，国泰民安

陈朝一灭亡，隋文帝杨坚就发表和平诏告，宣布："代路既夷，群方无事，武力之子，俱可学文，人间甲仗，悉皆除毁。"表明了他已经决定，适时地将国家的中心任务由军事领域转移到文化建设上。

目录

第一章
生在乱世，赢在起点

　　在长达三百多年的两晋南北朝时期，只有西晋王朝有过短暂的统一，其余时候，中华大地一直都处在四分五裂的状态之中。杨坚的父亲杨忠凭着一腔忠勇，成为了西魏十二大将军之一，为杨坚以后进入权力中心打下了基础。

艰难时世，"五胡乱华"

　　西晋永嘉五年（公元311年），以匈奴为首的北方游牧民族的铁蹄滚滚南下，踏破万里河山。四月，石勒的骑兵在苦县（今河南省鹿邑东）宁平城追及送西晋太傅司马越之丧的晋军主力，纵兵合击。在撕裂人心的喊杀声中，西晋主力溃于一旦，十余万将士，无一幸免。六月，刘曜攻破洛阳，俘虏晋怀帝，杀戮公卿，挖掘陵墓，尽掠府库，焚烧宫庙。熊熊大火吞没洛阳，吞没几百年的中原文明积累，这就是历史上有名的"永嘉之乱"。经此一役，西晋王朝已经名存实亡。

　　西晋建兴四年（公元316年），遭受匈奴刘曜长期围困的长安城，孤立无援，粮尽食绝，城内户不满百，太仓仅剩面饼数十枚，愍帝走投无路，只好乘着羊车，抬着棺材，肉袒衔璧，出城投降，西晋王朝灭亡。

　　匈奴皇帝刘聪出城打猎，让愍帝全副武装，持戟前导。百姓沿途围观，指指点点；中原父老，欷歔流涕。刘聪大宴群臣，令愍帝青衣行酒，执盏洗爵；刘聪连上厕所时，也让愍帝拎着马桶盖，随侍左右。西晋降臣见此光景，不禁悲从中来，尚书郎辛宾抱着愍帝失声痛哭，当场就被拉出去斩首。凌辱折腾够了，年仅十八岁的愍帝还是被打发上黄泉之路，演出了西晋王朝最凄惨、最耻辱的一幕。

　　招致这场悲剧的罪魁祸首，是腐朽无能的西晋统治者。他们为了争权夺利，满足私欲，不惜发动内战，把锦绣山河沦为一片血海，生灵涂炭，哀鸿遍野。更可耻的是，他们竟然置百姓的命运于不顾，公然勾结"胡族"为羽党，为其冲锋陷阵，残杀同胞。

首先勾结少数民族统治者的，是"八王之乱"后期的成都王司马颖和东海王司马越。

司马颖以匈奴左贤王为冠军将军，监五部军事，使其将兵在邺城（今河南与河北交界处），结为羽翼；而司马越则招引鲜卑和乌桓入讨司马颖，蹂躏中原。至于边疆大员更是积极勾结"胡族"，例如都督幽州诸军事的王浚把两个女儿分别嫁给鲜卑段务勿尘和宇文部素怒延，以"胡族"作为其进退割据的军事资本。就这样，毫无道义可言的"八王之乱"演变为各民族之间的相互仇杀，统治阶级的内讧发展成为民族对抗。

西晋社会内部本来就潜藏着深刻的民族问题。受汉族文明的影响，周边少数民族在农业化的进程中，不断内徙。西晋王朝既无力阻挡这一趋势，也不能妥善抚绥。官僚豪族甚至趁机掠卖人口，大发横财，例如，后赵创建者石勒就曾被东瀛公司马腾所掠卖。因此，在社会的底层，阶级压迫又表现为原始的、自发的民族矛盾。然而，这种低层次的民族矛盾上升为主宰全局的政治斗争，却是西晋统治者挑动起来的。

当民族矛盾掩盖了阶级斗争之后，所有的政治斗争无不以民族斗争为旗号，劳动者平时受压迫的苦难和胸中的积愤也在民族仇杀中得到宣泄。仇恨蒙蔽了双目，分不清是非敌友，只晓得种族异同。最典型的事例，如后赵冉闵于都城驱杀"胡人"，他令城内曰："与官同心者住，不同心者各任所之。"闵知胡之不为己用也，班令内外赵人，斩一胡首送凤阳门者，文官进位三等，武职悉拜牙门。一日之中，斩首数万。闵躬率赵人诛诸胡羯，无贵贱男女少长皆斩之，死者二十余万，尸诸城外，悉为野犬豺狼所食。

这种失去理性、不分青红皂白的大屠杀，在当时屡见不鲜。真正受尽苦难的是被挑动起来相互仇杀的各族人民。短短的一二十年间，中国的人口从二千三百万锐减至一千余万，整个中原沦为废墟。东晋孙绰曾满怀悲凉地控诉道：自丧乱以来六十余年，苍生殄灭，百不遗一，河洛丘废，函夏萧条，井堙木刊，阡陌夷灭，生理茫茫，永无依归。

在这场祸乱中真正受益的是少数民族统治者。他们藉"八王之乱"的机会崛起，将西晋统治者发动的内战转变为推翻西晋王朝的战争。少数民族原受奴役，文化水平不高，军事力量也不是那么强大。因此，他们必须依靠战争掠夺来激励士气，增强军队的战斗力。而且，在进入中原之后，还必须极力煽动民族仇恨的情绪，以此作为凝聚力，把国家政权建立在民族压迫的基础之上。后赵末年，石虎（字季龙）的残暴统治天怒人怨，为了转嫁政治危机，他再次激起民族仇恨的幽灵。

自西晋主力被击溃之后，中原地区已无法形成统一的、有组织的军事抵抗，以农耕为业的汉人挡不住少数民族骑兵的暴风骤雨。永嘉之乱后，汉人受尽欺凌虐待，与"汉"字相关的词语也多为骂语，贱视汉人，成为那一时代显著的特点。

随着少数民族政权的巩固，汉民族也伴随着恢复生产、重建社会的进程而复苏。北魏孝文帝断然采取全面汉化的政策，以求在民族和文化的融合中实现政权的脱胎换骨，变军事国家为政治国家，以适应农业化社会的需要。

然而，百余年民族压迫所形成的根深蒂固的民族成见，却愈加激化了。虽然汉化已是关系到政权存在与发展、势不可挡的历史潮流，但在缺乏文化传统的"胡族"权贵眼里，看到的只是昔日被人轻视的汉人纷纷登上政坛，一系列强化中央政权的措施危害到他们的既得利益。于是，民族矛盾的沉渣泛起，出现了"六镇暴动"。乘时继起的高欢集团，就是以六镇鲜卑为骨干，利用民族矛盾而兆基霸业的。

在少数民族的统治之下，社会以崇武为时尚，贵戚子弟"竞习弓马，被服多为军容"，是非准则屈从于武勇实力，伦理道德在政治权力的蹂躏下呻吟，日益凋落的汉族文化为专擅杀伐的塞北"胡风"所笼罩。鲜卑语不但成为华北的通行语言，而且还成为判定个人政治忠诚的标志。

语言是文化的载体，鲜卑语的流行，直接推动塞外文化习俗向中原地区的弥漫。戎乐胡舞、羌笛琵琶、握槊走马，盛行于世，尤得权贵耽爱。曹妙达、安未弱、安马驹之流，因能歌善舞而封王开府；和士开一手琵琶绝技，竟登相位。西域深目高鼻的"胡人"，虽文墨不通，亦以音乐至大官，甚至连波斯狗也得封仪同郡君，享受俸禄。皇宫之内，白天走马驱驰，夜来胡音哀曲。曲终歌罢，涕泣痛哭，此起彼伏。

接受"胡俗"，刻意模仿学习，就表明对居统治地位的主流文化的认同与归依，成为进身仕途的敲门砖。北齐有位士大夫不无得意地向人密授当官诀窍："我有一儿，年已十七，颇晓书疏，教其鲜卑语及弹琵琶，稍欲通解，以此伏事公卿，无不宠爱，亦要事也。"

当政权巩固、生产发展之后，以军事为主导的外向扩张就日益转变为以提高君权为导向的内部体制建设，重新建立正常的政治与社会秩序，对社会生活的各个方面实施强有力的管理体制。

社会分崩，风气日下

西晋政权崩溃之后，中国北方出现的政治权力真空，诱使边疆各族

蜂拥而入，抢夺瓜分这片富庶沃土。最初是匈奴，而后羯、鲜卑、氐和羌族接踵而至，纷纷建立起各式各样的政权。中原传统社会组织随着一个个城邑的陷落而分崩离析。失去保护的汉人几乎是出自求生的本能，纷纷逃离成为战场的乡里，辗转流徙于各地。他们在西晋残余将官或乡里豪强的统率下，结成一个个独立的组织，各自为战，力求自保。"永嘉之乱，百姓流亡，所在屯聚"，自卫性质的坞壁聚垒遍布于中国各地。

早期的坞壁是为避乱而组建的，所以大都设立于远离城邑的山林川泽地带。例如，洛水流经的檀山，"其山四绝孤峙，山上有坞聚，俗谓之檀山坞"；一合坞，"城在川北原上，高二十丈，南、北、东三箱，天险峭绝，惟筑西面即为固。"此外，如云中坞、合水坞等坞名所示，坞壁一般建在易守难攻之地。这样，在国家地方行政组织之外，游离出大量不受管辖的自治组织。

星罗棋布于战乱地带的坞壁，脱离于国家政权之外，自定法规，各行其是，犹如一盘散沙。"五胡十六国"动乱把一个自上而下秩序井然的社会撞成碎片，瓦解成一个个彼此独立的集团，而"胡族"以部落为基础的社会形态更加强了这一趋势。

据史料记载，从几百户到数千家，坞壁的规模，相去甚远。然而，透过这些表面的差异，我们不难发现其基本形态却是共通的，那就是宗族构成了坞壁集团的核心，而其推举产生的坞主或行主一般都是乡里豪帅。当然，他们中间不乏旧政权的中下级官吏，但是，他们的权力并不来源于官场，而在于其通过宗族对乡党及流民的控制。也就是说，西晋政权的崩溃和大家世族罹难遁逃，给了下层豪强充分的表演机会，使他们能够乘时而起，啸聚一方。

上层为争夺政权的殊死搏斗，造成社会的失控。在基层，形形色色的坞壁也在为自身利益和生存空间而殚精竭虑，实力政治的法则，使得他们或者相互吞并，或者结成联盟。风暴过去，尘埃落定，在相互依存又相互牵制的格局下，有实力的坞壁广泛得以保存，强宗大族号令乡村、割据一隅的局面也随之固定了下来。他们中间，更产生了一些以"统主"为代表的地区性集团，例如，河东地区的张平，"跨有新兴、雁门、西河、太原、上党、上郡之地，垒壁三百余，胡晋十余万户，遂拜置征、镇，为鼎峙之势"；"关中堡壁三千余所，推平远将军冯翊、赵敖为统主，相率结盟"。

《晋书·苏峻传》记载："永嘉之乱，百姓流亡，所在屯聚。（苏）峻纠合得数千家，结垒于本县。于时豪杰所在屯聚，而峻最强。遣长史徐玮宣檄诸屯，示以王化，又收枯骨而葬之，远近感其恩义，推峻为主。"苏峻得到诸屯的拥戴，除了其实力最强的因素外，更在于其推行"王化"，使"远近感其恩义"。所谓行"王化"，实质就是以儒家宗法原则统辖坞壁。

《宋书·王懿传》说："北土重同姓，谓之骨肉，有远来相投者，莫不竭力营赡；若不至者，以为不义，不为乡里所容。"北方原来就重同姓宗法关系，在坞壁内部更是如此。在社会分裂为坞壁林立的情况下，随处可见的是宗族社会和人身依附关系的大幅度加强。

与宗法关系相辅相成的，是通过贯彻儒家共同体理想而重组乡里社会。魏晋南北朝时代兴起的强宗大族与以往腐朽的世族的重要区别，就在于他们深深地扎根于乡村，与乡党民众生活在一起，通过实行一些扶弱济困、有无相通的"恩义"措施，激发乡党民众感恩戴德的情感，造成同舟共济、生死与共的乡土观念，从而获得其诚心的归属，奠定了垄断乡村坚强的权力基础。特别是在个人权利和社会公正得不到保障的时代，政府的苛政甚于豪强的剥削，驱使农民大量流入豪门，更加强了乡村豪族的地位。例如，萧梁的张孝秀"去职归山，居于东林寺。有田数十顷，部曲数百人，率以力田，尽供山众，远近归慕，赴之如市"，形成豪族与政府争夺劳动力与控制乡村的局面。

以宗族乡党为背景的强宗大族，其向背直接关系到社会乃至政权的安定。后赵石勒倾注全力去攻打各地坞壁，即可见一斑。然而，只要分裂动乱的局面没有消除，国家政权的公共职能不能充分发挥，单凭武力镇压无法铲除遍地生根的坞壁。而且，外部势力也不易控制坞壁。西晋末年，魏该让其部将马瞻袭杀杜尹，夺其一泉坞。魏该打算南徙，却因坞众不从而不得不单骑出走。马瞻投降匈奴刘曜后，坞众又密请魏该回来，共诛马瞻。北魏入主中原初期实行的"宗主督护"制度，就是在此背景下产生的。

"宗主"就是垄断乡村的豪族，他们不少是由坞主演变而来。《北史·李灵传》记载："（李）悦祖弟显甫，豪侠知名，集诸李数千家于殷州西山，开李鱼川方五六十里居之，显甫为其宗主。"不仅中央政府要任用大批强宗大族以巩固政权，地方官员也不得不致力于网罗豪强来实施统治。

国家政权固然因强宗大族的合作而稳定下来，但分裂的因素也因此潜藏于政权内部，造成国家权力的不完整。至于那些桀骜不驯，为害一方的豪强，更是国家政权的心腹大患，一有风吹草动，他们便会再掀波澜。这种局面，南北王朝概莫能外。

社会阶层不能通过行政或暴力手段加以消灭。北魏孝文帝变宗主为三长，使三长隶属于郡县，纳入国家体制，逐步削弱了他们的独立性和政治势力。另一方面，则通过推行均田制，轻徭薄赋，体现出国家制度的优越性，用经济手段把豪族的依附人口变为国家的编户齐民。这一系列改革的目的都在于消除分裂隐患，增进国家在政治上和经济上的统一。

东汉末年，以"党锢之祸"为分水岭，官僚世族迅速走向衰落。西晋复兴，虽说是门阀世族在对寒门庶族的斗争中暂时获得胜利，贾皇后囚杀杨太后，把西晋统治者所标榜的儒家孝道名教践踏得支离破碎；"八王之乱"的骨肉相残，更把忠孝伦理和门阀世族彻底葬送。

西晋强调孝道，宣帝、景帝、文帝和武帝，丧亲皆服三年；司马昭执政，一日同时任命王祥、何曾和荀顗三大孝子为三公，以此表率天下。王祥是二十四孝之一，据说其继母病时想吃活鱼，他便脱衣开怀，趴在河床上，解冰捕鱼。何曾一年到头只见妻子两三面，每次见面，必正衣冠，南面木然端坐，其妻北面再拜上酒，寒暄数语即离去。这类国家大肆渲染表彰的"楷模"，不仅矫揉造作，惺惺作态，而且扼杀人性，难见真情。更为重要的，是西晋提倡的统治伦理与时代精神背道而驰。

落伍的统治理念与腐朽的门阀政治交织在一起，更显现出虚伪的一面。西晋重臣贾充，出身于市井寒门，其父受曹操重用，藉此登上政治舞台。晋移魏祚，贾充投靠司马懿，率部刺杀魏帝曹髦，既为司马氏夺权扫除最后障碍，又为司马氏保全了儒家名节。他的两个女儿，丑陋淫荡。长女贾南风，身材短小，皮肤黑青，性格残忍，奇妒好淫。然而，朝中有大臣力荐她温柔美貌，使她成为惠帝皇后。悍妇痴夫，晋室祸乱，由此发端。

贾皇后野心勃勃，虐待成狂，发作起来，要亲手剖杀孕妇，看着腹中孩儿随刀落地，方解心头之恨。洛阳有位抓盗贼的俊俏小吏，藏有华丽珍贵的衣服，上司怀疑他作贼，提来审问，才知道是被贾皇后派人勾入宫中，作成好事而得到的奖赏。惠帝登基，贾皇后图谋夺权，指使楚王玮等人诛杀杨太后的父亲杨骏，废太后为庶人，又处太后母亲庞氏极刑。临刑前，杨太后抱着母亲嚎啕痛苦，磕头剪发，上书贾后，称妾乞怜，请求保全母亲一命，但贾皇后置之不理。杨太后曾有恩于贾皇后，她万万没想到贾皇后只是为了夺权，就如此狠心地残害她的家族，所以庞氏被杀后，她也就绝食自杀。

就是这个残害魏晋两朝皇室的贾家，把儒家孝道肆意蹂躏践踏。面对这一事实，西晋宗室诸王借机发动内战，骨肉相残，谋篡帝位，把道貌岸然的门阀世族极端虚伪、贪婪、自私、残忍的真实面目暴露无遗，宣告了其统治伦理的彻底破产。

西晋之后，随着东晋、宋、齐、梁、陈的王朝更迭，政权也逐步由大家世族向次等士族乃至寒族转移。新起的统治阶层本无多少文化素养，主要依仗手中的军事实力改朝换代，因此，唯权力论和金钱崇拜也弥漫于世。

宋武帝刘裕本为一介武夫，靠着北府兵的班底和镇压孙恩、卢循造反的军功，成功地建立了刘宋朝。他的儿子刘义符孔武有力，弓马娴熟，又精通音乐。刘裕刚死，尚未出殡，他就欢天喜地登上宝座，倡俳伶人，吹打弹唱，欢歌盛宴，闹得实在不成体统。朝中大臣只好暗中请皇太后下诏，将他废了。

第四代的孝武帝还算精明强干，但同样难免铜臭气息，特别是在晚年，嗜酒贪财，每与封疆大吏或朝中高官相见，必令其纳财进宝，或强与赌博，直到他们囊空如洗方才罢休。在此熏染下，皇室子孙的行迹自然可想而知。

穷奢极欲，凶暴肆虐，是南北王朝统治阶层共同存在的现象。石勒建立后赵，其侄石虎十分残暴。石勒立子石宏为大单于，统领"胡部"。石虎不得立，恨得咬牙切齿，立誓要灭石勒一族。果然，石勒死后，石虎篡位，将石勒诸子残杀无遗。

整个南北朝时代，为争权夺利而进行的血腥残杀，达到无以复加的地步。除了个别例外，每一次王朝更替，都伴随着对前代皇室的满门血洗；甚至在同一王朝内的皇位继承，也罕见不经过大规模杀戮者。父子兄弟、叔侄亲族之间的骨肉相残，手段之残忍，令人发指。登上皇位者，将同姓骨肉视作威胁，必欲除之而后快。宋始平王刘子鸾受诛时，发誓生生世世不再生于皇家，何其悲凉！

弥漫于统治阶层的唯权力思想和道德沦丧，加剧了社会的黑暗，反过来又加速了社会价值体系的崩溃。在政治黑暗和道德沦丧的恶性循环中，怀抱救世济民热望的知识分子一次次成为权力斗争的血腥祭品，一再品尝理想幻灭的苦果。

"党锢之祸"对清流士人的镇压，动摇了士大夫阶层对儒家学说的信仰，迫使他们不得不到儒家学说之外，去找寻新的社会理论。于是，以老庄学说为内核的"玄学"勃然兴起，王弼、何晏是其早期的代表。

何晏以为名教本于自然，这一"自然"，并不是指自然界，而是指主宰天地万物、人间社会生成运行的基本规律，即"自然者，道也。道本无名。"

政治高压和统治精神的破产，也导致个性被强烈地扭曲。阮籍痛斥王权为万恶之源，说："君立而虐兴，臣设而贼生，坐制礼法，束缚下民。欺愚诳拙，藏智自神。强者睽视而凌暴，弱者憔悴而事人。假廉而成贪，内险而外仁。"

鲍敬言在《无君论》中指出："夫强者凌弱，则弱者服之矣；智者诈愚，则愚者事之矣。服之故君臣之道起焉；事之故力寡之民制焉。然则隶属役御，由乎争强弱而校愚智。"他热切希望能仿古改制，建立一个安详平和的乌托邦。鲍敬言的《无君论》，表达了知识分子和下层民众对腐败政府的批判和对美好生活的憧憬。

显而易见，不受制约的政治权力脱离了社会生活的基本准则并凌驾于一切之上，才激起了个人与社会的疏远和对抗。唯权力论不但不能增强社会的凝聚力，反而只会加深政治的黑暗，造成人心的涣散。

家世疑云，弘农杨氏

西魏大统七年六月十三，也就是公元541年7月21日傍晚，落日余晖，满天红霞，把同州（今陕西省大荔县）般若寺映照得金碧辉煌。缓缓流淌的洛水，犹如一面明镜，倒映着层层迭进的寺宇堂塔，粼粼闪耀。从寺院深处，传来清脆响亮的婴儿啼声，给般若寺平添许多祥瑞喜气。

这家主人是西魏赫赫有名的云州刺史、大都督杨忠。妻子吕苦桃，从她的名字也不难看出，并非出自什么大户人家。这年，杨忠三十五岁，戎马倥偬，一晃已届中年。自大统四年（538年）与东魏大战洛阳后，总算能过上几年相对安定的家庭生活，盼望有个儿子继承香火家业的心情，尤为焦灼。夫人有喜，带给他无限的喜悦和希望，使得婴儿的诞生，显得如此郑重。可是，一双号令千军万马的大手，实难承托起幼弱的新生命，夫妻俩再三合计，决定求助于毗邻的般若寺，一来祈求平安吉祥，当时战事频仍，杨忠说不定哪天就得开赴前线，婴儿也好有个寄托。二来将头胎儿女献于佛前，报答神明的保佑，并祈福于未来。

新生婴儿是个健壮的男孩，方脸高额，五官端正，看上去就是个将门虎子。一家人欢天喜地，斟酌着给儿子起了个单名"坚"字，希望他长大后能像父亲一样威武坚毅，卓尔不群。洋洋喜气，灿烂霞光，映照在杨坚红扑扑的小脸蛋上，越发显得光彩照人。放眼窗外，深庭幽径，笼罩在紫金暮霭之中，令人陶醉，仿佛眼前的一切，就是神迹！

一家人兴奋不已，奔走相告，让远近的人们，共享这份喜悦。后来，隋朝的文人墨客采撷当时的传闻，撰就珠玑篇章。

内史令李德林欣然落笔："皇帝载诞之始，赤光蒲室，流于户外，不属苍旻。其后三日，紫气充庭，四邻望之，如郁楼观，人物在内，色皆成紫。"

著作郎王劭撰《隋祖起居注》，称："于时赤光照室，流溢户外，紫气充庭，状如楼阁，色染人衣，内外惊异。"

一代文豪薛道衡赞颂道："粤若高祖文皇帝，诞圣降灵则赤光照室，韬神晦迹则紫气腾天。龙颜日角之奇，玉理珠衡之异，著在图篆，彰乎仪表。"

这些传说，在隋代广为流传，言之凿凿，不容置疑。以至唐人在编修《隋书》时，也采纳其说，似乎杨坚是膺天命而降生人世，注定要位登九五，统一中国，从而给他披上一件金光灿灿的神衣。而这件神衣，在杨坚后来的政治生涯中，起了难以估量的作用。

在古代，大凡君王伟人出世，都有一番神灵瑞象的铺陈。但是，像杨坚这种以佛教灵迹为底蕴的渲染，却绝无仅有。

相传，杨坚出生那天，有一位俗姓刘、法名智仙（或作智先、智迁）的尼姑，从河东（山西一带）风尘仆仆赶来，连夜造访。当时，异常闷热，吕苦桃打扇驱暑，却将杨坚扇得寒战不已，几致气绝。就在这紧急时刻，智仙赶到，杨坚转危为安。智仙对杨忠夫妇说："此儿所来甚异，不可于俗间处之。"虚惊一场的杨忠便将杨坚托付给智仙抚养，还将自家宅院改作佛寺。过了一段时日，吕氏按捺不住对儿子的思念，悄悄来到智仙房中，将杨坚轻轻抱起，仔细端详。就在这时，杨坚突然头上长角，遍体生鳞，化作一条小龙。吕氏见状大惊，吓得手一松，怀里的婴儿坠落于地。智仙从外间进来，连忙将杨坚抱起，埋怨道；"何因妄触我儿，遂令晚得天下。"从此以后，杨家人不敢轻易过问儿子的日常生活。

就这样，杨坚随智仙在佛寺里一天天长大，度过燃灯颂佛的童年。十三岁那年，杨坚已是伟岸少年，俨然一副人君仪表。智仙十分喜爱他，给他取了个与其名字相对应的小名，叫"那罗延"，送他出寺回家，转入太学学习。

杨忠割宅为寺，在当时亦属司空见惯之事。北魏后期，王公贵族滥设寺院，乃至"今之僧寺，无处不有。或比满城邑之中，或连溢屠沽之肆，或三五少僧，共为一寺。"不安于寺庙的僧尼，游涉村落，走家串户；而朝中显贵，也经常召唤僧尼，算命问卜，举办佛事斋会，甚至尊以为师，充当军政顾问，称作"家僧"、"门师"。智仙长期居住在杨家，充任养育杨坚之责，显然就是杨家的家僧。后来，周武帝灭佛时，智仙隐匿于杨家，终获保全。可知杨家与佛教关系至深，由此也可了解当时佛教社会影响力之一斑。

对于养育自己长大的智仙，杨坚终生难忘。登基之后，命史官王劭为她立传；晚年还为她铸造等身像，并令画师将她画于自己身旁，颁发四方。

智仙给杨坚起的小名"那罗延"，是梵文的音译，指的是印度教中的大神祇毗瑟纽。在佛典里，则是指金刚力士、坚固力士等，是力大无穷的神祇。南北朝时代，普遍流行以佛教神祇为名字，例如，南朝有王僧达、王僧祐、王僧绰、王僧虔等；北朝有元夜叉、元罗刹、高菩萨、尔朱叉罗、尔朱文殊等。杨坚对自己的小名，颇为自豪。

开皇九年（589年），河南省安阳市宝山灵泉寺开凿的大住圣窟，门外东侧浮雕一座高大精美的护法神王，左手持剑，右手紧握三股长柄钢叉，脚踏卧牛状怪兽，威风凛凛，上方题铭"那罗延神王"。灵泉寺就是在杨坚的支持下，由最高僧官灵裕国统主持扩建的，号称"河朔第一古刹"。

在佛寺里长大的杨坚，深受佛教的熏陶，而智仙也不断向他灌输佛教思想。他开始懂事时，智仙就反复告诉他，他不是凡人，而是护法金刚转世，注定要成为伟人，成就一番宏伟事业，精心培养他领袖般的远大抱负和深沉的性格。七岁时，智仙郑重地告诉他："儿当大贵从东国来，佛法当灭，由儿兴之"，殷殷期望他能担负起济世弘法的重任。这一切都深深印烙在杨坚幼小的心灵里，后来，杨坚在回首这段童年往事时，说："我兴由佛法，而好食麻豆，前身似从道人中来，由小时在寺，至今乐闻钟声。"

启蒙的教育，在杨坚一生中所具有的意义，或许他自己也未曾完全意识到。但是，他坚信自己是"那罗延神王"，是上天派遣来到人世间的。

唐人张鷟在《朝野佥载》卷二记载了如下一则传说：相传，北齐文宣帝年间（550~559年），并州（山西省太原市）有一位稠禅师，自幼落发为沙弥。当时，寺中有许多小沙弥，闲暇时常在一起嬉戏打闹。稠禅师体弱力小，常被欺负。于是，他躲进佛殿，抱着金刚的大脚，祈愿金刚赐力于他。一片诚意，感动了金刚，当第六天曦光微露的时候，金刚终于显灵，让他饱食筋肉，顿时浑身充满神力。稠禅师大喜，天一亮便兴致冲冲地来到沙弥中。伙伴们见他躲藏数日才露面，便又要与他斗殴。稠禅师正想显示本领，当下飞檐走壁，举重搏击，直让沙弥们看得惊恐不已，俯首认错。消息传了出去，四方僧众慕名而至，常有数千人随侍左右。齐文宣帝听说稠禅师聚众于林虑山，便亲自带领骁骑数万，前来讨伐。稠禅师率众出山迎候，于文宣帝面前作法，让数千根造寺梁

015

第一章　生在乱世，赢在起点

柱在空中翻腾搏击，声若雷霆，吓得文宣帝叩头认输。三十年后，隋文帝路过并州，见此寺院，"心中涣然记忆，有似旧修行处，顶礼恭敬，无所不为。处分并州大兴营葺，其寺遂成。时人谓帝大力长者云。"

那罗延神王诞生于弘农杨氏家族，将神话与现实政治相结合。

杨坚一家，自称出自弘农杨氏。

弘农杨氏是一支历史久远的名门望族，其发祥的传说，可以追溯到很久以前。据说，杨氏出自西周宣王的儿子尚父，被封为杨侯，子孙以国为姓。后来，杨氏为晋所灭，子孙逃到华山仙谷，遂于华阴（今陕西省华阴市）定居下来。

比较可信的记载，大概可以追溯到楚汉战争时代。在乌江边追及项羽并将他分尸的五员汉将中，有一位叫杨喜，他因功被封为赤泉侯，成为弘农杨氏的先祖。到东汉中期，杨家出了位名满天下的大儒，亦即世称"关西孔子"的杨震，他官至太尉，因弹劾邪佞而遭贬黜，愤然自尽，一时朝野震动，被海内儒士尊为表率。从此以后，天下杨氏，多附会杨震为宗祖。

魏晋时代，弘农杨氏盛极而衰。杨修为曹操所杀，子孙逃往南方，至东晋末，杨俭期被恒玄所灭，一族殆绝。在北方，杨氏因为有两位女儿先后被西晋武帝立为皇后而荣宠冠世。可惜好景不长，晋惠帝贾皇后为夺取权柄，废杨太后，"诛（杨）骏亲党，皆夷三族，死者数千人"。经过这场大规模残杀，弘农本地的杨氏宗族亦告中绝。

此后，又不断有杨姓氏族崛起于弘农，但他们的真实系谱已难确证，故此不去细究。

杨坚一族也自称出自弘农杨氏。据《新唐书·宰相世系一下》记载，杨震的孙子杨馥，其十世孙为杨孕，杨孕的六世孙为杨渠，其子杨铉，为前燕北平郡守。也就是说，从东汉灵帝时（168~188年）起至前燕（337年起）约一百七十年间，传十七代，平均一代仅十年，令人难以置信。《隋书·文帝纪》称其远祖为"汉太尉震八代孙铉"，在时间上较为可信。但是，从杨铉上溯到杨馥，其间五代，仍无从查考。

杨坚家族的名字，与其远祖多有重复。例如，杨坚的父亲杨忠，与杨震的曾祖同名；杨坚的儿子杨广和杨俊，分别与杨震的九世孙和七世孙同名。如果真正出自同族嫡传，则不应该屡犯祖先名讳。其实，这种情况在北朝新起的弘农杨氏族中，也有所见。例如，自称出自杨震末子杨奉嫡传的杨敷，就与其十三世祖同名。因此，我们很难把杨坚一族看作是弘农杨氏的嫡系后裔。

隋朝权臣杨素家族更可能是弘农杨氏的后裔。杨素的儿子杨玄感起兵时，弘农杨氏纷纷起来响应。由此可见，这场斗争并不是宗族内部的分裂，它表明杨坚家族与弘农杨氏没有多少渊源。杨素家族奉杨震末子为祖，而杨坚家族则称出自杨震长子一系，显然是要高过杨素家族。但这种人为的意图，却让人越发不敢轻信。

根据《周书》记载，杨坚家族实际上始于任前燕北平郡（今河北遵化县东）太守的杨铉。至其儿子元寿时，转归北魏。可能是由于其北方家世的缘故，杨元寿被光荣地任命为武川镇（今内蒙古武川县）司马，戍守边疆，家族也就在这里定居下来。此后经历三代到杨祯时，六镇兵起，杨祯随着滚滚南下的人流，逃到中山（今河北定州市）避难，并在此地召募义徒，镇压暴民，一战下来，兵败身亡。而其子杨忠则随河北流民，漂泊于山东青州（今山东省青州市）。

武川英豪，初出佛门

　　就在宇文泰为建立关中政权而呕心沥血的时候，杨忠还在四处漂泊，坎坷潦倒。十八岁那年，他流落到山东，登泰山，望神州，前途渺茫，满目苍凉。在泰山脚下，他和一位名叫吕苦桃的女子草草成亲，正想过上几天太平的日子，不料南朝梁军乘北魏大乱之机，出兵北伐，他被掳往江南，在梁朝过了五年。

　　大通二年（528年）十月，梁朝以投降的北魏北海王元颢为魏王，发兵送其归国，杨忠被任命为直阁将军，随军北上。翌年，元颢攻入洛阳，当上皇帝，不由得满心欢喜，纵酒高歌。就在这时，北魏权臣尔朱荣的前锋独孤信兵临城下，一场恶战，元颢被乱兵所杀，杨忠改换门庭，成为尔朱荣同族兄弟尔朱度律帐下统军。不久，尔朱荣被孝庄帝诛杀，尔朱兆自并州反攻，杨忠随之进入洛阳。其时，尔朱氏已是强弩之末，旋为高欢所灭。而高欢所立的孝武帝，不满高欢专政，任命武川旧将贺拔胜出镇荆州，以为羽翼，武川出身的军将多追随贺拔胜，杨忠也转归独孤信，成为其麾下一员猛将。

　　贺拔胜的弟弟贺拔岳被杀，独孤信奉贺拔胜之命，携杨忠入关绥抚贺拔岳余众。独孤信、杨忠和宇文泰自幼打闹厮混，情同手足，如今阔别重逢，更是互诉衷肠，倾心交结。宇文泰让独孤信到洛阳，向朝廷汇报关中的情形。到了洛阳，风云激变，孝武帝与高欢摊牌，仓促西迁，独孤信和杨忠又护卫着孝武帝回到关中。

在南边，局势却变得十分险恶。贺拔胜优柔失机，部将劝他全力入关，和宇文泰会师。但他自矜前辈，不甘屈居人下，逡巡不前，计无所出。高欢当机立断，派大将侯景提雄兵直趋荆州，风行电击，打得贺拔胜落荒而逃，渡江降梁。

失去荆州，宇文泰就只能穷蹙关中一隅，难与高欢逐鹿中原，这是难以忍受的，所以，他派遣独孤信率数百军卒，打回荆州。杨忠率领先头部队，陷阵破围，斩将搴旗，一口气夺回荆州。半年之后，高欢派遣大将高敖曹和侯景来夺荆州，独孤信立足未稳，寡不敌众，不得不弃城南奔。这样，时隔六年，杨忠又再度流落梁朝。

另一边，宇文泰正酝酿着与高欢大战。千军易得，一将难求，宇文泰听从部下的劝说，派赵刚专程到梁朝，请贺拔胜、独孤信和杨忠回关中。而梁武帝正想借重北方降将之力，故挽留不遣。贺拔胜只好买通梁武帝近臣，迁延了三年，才获准北归。第二年（536年）秋，独孤信和杨忠也获得批准，回到关中。

贺拔胜、独孤信和杨忠等自南朝归来，武川镇出身的各路将军终于会首关中，凝聚为强大的军事集团，开始了与高欢争夺天下的生死大搏斗。

杨忠回到关中，鞍马未下，便随宇文泰出征，先后参加了著名的沙苑之战、河桥之役，屡立功勋。此后，东西之间战事间歇，杨忠随宇文泰等军队统帅回居靠近潼关的华州，防备高欢。在这里，他喜气洋洋地迎来了长子杨坚的诞生。这段温馨的日子没有持续多久，杨坚还在襁褓之中，父亲又风尘仆仆赶往前线，破黑水稽胡，解玉壁之围，东进洛阳，会战邙山，南入梁境，不断把捷报寄回家中。

到了西魏大统十六年（550年），东西之间的战事已基本稳定，宇文泰腾出手来，整顿军队，构建统一的军事指挥体制。在其创立的府兵制顶端，有宇文泰、李虎、元欣、李弼、独孤信、赵贵、于谨、侯莫陈崇八大柱国，其下有元赞、元育、元廓、宇文导、侯莫陈顺、达奚武、李远、豆卢宁、宇文贵、贺兰祥、杨忠、王雄十二大将军。这份精心安排的名单，既保留了武川军将的基本色彩，又包括了原贺拔岳、贺拔胜、侯莫陈悦和魏孝武帝各大派系的代表。每位柱国大将军的背后，都有一个军事集团支撑，显然是各派之间妥协与平衡的结果。这二十家构成了关中政权的核心，组成新的门阀政治格局，"当时荣盛，莫与为比"。此后，由于柱国大将军权位隆重，甚少出征，因此，军事行动的重任就主要落在十二大将军肩上，后者的重要性日益提高。杨忠跻身十二大将军之列，成为关中政权的核心力量，使得杨坚日后能够直接进入权力中枢。

杨坚出生后，就在佛教的环境中成长，一年难得见上父亲几面。童年的岁月里，并没有享受到多少双亲的温暖，玩耍时的欢乐、生活中的困难以及对外间世界的遐想，经常只能对着庄严的佛像，在心里对自己诉说。暮鼓晨钟，燃灯诵经，寺院的刻板生活，使他过早地失去了童稚和天真，养成深沉稳重、孤傲刚毅的性格，举止有度，少年老成。清冷的佛寺，使他缺少儿时玩伴，只有后来成为其姐夫的窦荣定，是他最好的伙伴。杨坚日后回忆童年往事时，曾经说："朕少恶轻薄，性相近者，唯窦荣定而已。"言辞里不免让人隐隐感觉到一种孤单、冰冷，缺乏幽默诙谐的气度和人情味。

作为军事贵族家庭的子弟，他从小就受到良好的军事训练，熏陶于北周尚武的风气之中。当时，宇文泰为首的军事将领大都居住在华州，东西两大政权之间，频频爆发战争，活生生的英雄故事，深深地感染着杨坚幼小的心灵。除了佛教的世界，他最熟悉也最向往的，无疑就是

驰骋杀敌的战场。父亲每次从前线传
来捷报，都让他兴奋不已，感到无比
的骄傲，争强好胜的孩儿心理在家世
勋贵的光环照耀下，更转化为万丈雄
心。他渴望早日成长，叱咤风云，展
现才华，一种统帅群英的领袖感油然
而生。

杨坚像

可是，佛寺的高墙把他紧紧地禁
锢其中，胸中的豪情只有在夜间梦里
得到满足，对未来的憧憬也只能默默
地化作心中的筹算。生活的环境限制和对外边世界的向往在内心冲撞，形
成他极为复杂而矛盾的性格。就这样，这位过于早熟的少年，终于在十三
岁时，走出佛门，转入太学，迈向他日思夜盼却又不太熟悉的世界。

第二章
英武神勇，崭露锋芒

随着宇文泰离世，西魏谢幕，北周建立，大权落到了宇文护的手中，杨坚开始了在权臣和皇帝的夹缝中艰难生存的日子。之后，北周经过了一系列的改革，使内部安定，然后灭亡北齐，统一北方。在这场统一战争中，杨坚表现出色，升为上柱国，由此，崭露锋芒。

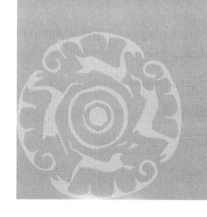

少年英才，政治磨难

西魏恭帝元年（554年），杨坚十四岁，已经是太学二年级的学生了。在太学里，杨坚就像一只雏鹰，以更健康、更矫健的姿态，在他早已向往的广阔天空里翱翔。

宇文泰非常重视教育，这和那个特殊的年代是有一定的关系的。战乱中，魏孝武帝仓促脱离高欢政权，西迁至长安，投靠宇文泰的关中政权，从而建立西魏。由于是出逃，不可能带着文化典籍。

宇文泰集团脱胎于拓跋部。拓跋部在踏入中原北部的时候，刚刚走出原始的公社制度，没有居室，没有文字，没有法典，人们穿兽皮，部落基本处于茹毛饮血的野蛮状态。武官虽然骁勇善战，但多数不通文墨，且毫无政治头脑，只会干些打打杀杀的纯体力活儿。

宇文泰深知，靠这些头脑简单、四肢发达的武夫建立起来的政权是难以争夺天下的大业的。汉族士人苏绰就向宇文泰提出了很多治国建议，其中有一项就是利用仁义、孝悌、忠信、礼让、廉平、俭约等儒家理念教育臣民。这些建议受到宇文泰的高度重视，他主张将士以学习文化知识来武装自己的头脑，甚至在自己的行台设置学堂。

之后不久，宇文泰就办起了中央级的学府——太学。

在这群粗犷而尚武的学生当中，能文善武的全才很快就会受到特别的尊重。自然，像杨坚这种自幼深受佛寺教育的学生，性格深沉稳重，不好与人狎昵，立即引来众多复杂的目光。杨坚不在乎同学们的态度，学习非常努力，尊敬老师，上课专心听讲，每次老师提问的时候，他都对答如流，并适时地做一些精辟的阐述，背书如银屏泻水，还写得一手端正有力的好字。

在太学，杨坚非常系统地学习了儒家经典，积累了丰富的知识，注重培养自己的人格素养和内在潜质。更重要的是，这期间，他和一批志趣相投的同学结下了深厚的友谊，有后来成为他姐夫的窦荣定，成为他妹夫的李礼成，还有后来帮他登上皇位的刘昉、柳裘等人。

杨坚在太学的这些同窗，为他以后改周建隋积累了一份意想不到的政治资本。

十四岁那年，杨坚被京兆尹薛善看中，聘任他为功曹。这一任命，不能不归功于其父杨忠。此时，杨忠已经战功赫赫，有着非比寻常的身份和地位。也就是在这一年，杨忠被赐"普六茹"这一复姓，获得了国家给予的殊荣。于是，杨坚的名字便也更改为"普六茹坚"。

第二年，十五岁的杨坚因为父亲平定江陵（今湖北省荆州市）有功，被授予散骑常侍、车骑大将军、仪同三司的勋官，封成纪县公。少年的杨坚也够幸运的了，父亲三十八岁因功才有的这些官职，没想到他十五岁就全部拥有了。

又过了一年，十六岁的杨坚又升为骠骑大将军，加开府衔。

当时，一代枭雄宇文泰第一次见到杨坚，也不禁暗暗感叹："这后生长得不一般，不像是来自于晋北那样的北方边镇。"

不久，杨坚又迎来了他一生中非常重要的一件大事。杨忠的同乡、好友以及多年在沙场一起打拼的战友独孤信相中了杨坚，决定把自己最珍爱的小女儿独孤伽罗嫁给他。

北方的女性，性格豪爽，毫无矫揉造作之气，特别是来自草原的女孩子，她们从小就不是温室里的花朵，而是和男孩子一样，放牧打猎，有更多和外界接触的机会。鲜卑族还有一个传统，就是女子在家庭内部有着一定的发言权和表决权。

在嫁给杨坚后几十年的政治风雨中，独孤伽罗始终默默地和丈夫站在一起，给予他最大的精神支持。她对政治的敏锐力，让杨坚在仕途上如虎添翼，他常常为拥有如此聪明干练的妻子而自豪。

独孤信时任上柱国、大司马，在北周是一个举足轻重的人物，在他周围，有一张颇不寻常的人事关系网。因而独孤、杨两家联姻，对提高杨坚地位是显而易见的。

公元556年11月，一代枭雄宇文泰在北巡中病重，急忙把侄儿宇文护招至身边交代后事。他流着泪抓着侄儿的手说："我如今病成这样，恐怕不行了。我现在最放心不下的，一是诸子年幼，难堪大任；二是敌寇未除，外患连连。我只好把大事托付给你了，希望你努力辅佐我子完成未完的事业吧。"

那时候，宇文泰集团还隶属于西魏，正在扶植一个傀儡皇帝，同时也在等待时机取而代之。遗憾的是，壮志未酬身先死，宇文泰没等到当皇帝的那一天。

眼前最大的难题是，宇文泰死时没有称帝，只是关中政权的一把手，其职位并没有规定非要传给自家人。宇文护是在关系不明朗的情况下接受这个历史使命的。

宇文泰一死，各派哗然，认为宇文护从军功资历来看，不足以和第一代的柱国和将军们相比，如果要统领群雄的话，还真轮不到他。顿时，关中领袖的位子成为人们关注的焦点。

当时，在所有的柱国将军中，和宇文泰同辈的元勋，八大柱国还有五位在世：

第一位是大司寇于谨，此人一直是宇文泰的知己和贴心的助手。

第二位是李弼，他原是敌对的侯莫陈悦集团的将领，因为怕说闲话，所以他归附宇文泰后，处处谨慎，尽职尽忠为宇文家族效力。

第三位是侯莫陈崇，为贺拔岳的部属，发誓永远追随宇文泰。

而且，于家和李家已经和宇文泰结为儿女亲家。

还有两大柱国是赵贵、独孤信，这二人显然是宇文家族最大的威胁。宇文护觉得，如果铲除了赵贵和独孤信，自己辅政就可以顺风顺水了。

先说赵贵，当年贺拔岳被害时，正是赵贵力挺宇文泰，联合大族寇洛、侯莫陈崇、梁御、若干惠等人，确立了宇文泰在关中的领导地位。宇文泰能在关中立足，赵贵功不可没。

再说独孤信，他原是贺拔胜集团的核心成员，颇具文韬武略，在荆州、洛阳，特别是在他长期驻守的陇右一带，声望极高，深得百姓拥戴，他还和关陇大族的关系比较紧密。但独孤信不是宇文泰的亲信，故宇文家族一直对他心存芥蒂，生怕他哪一天反了。

独孤信的三个女儿，分别嫁给了宇文泰的长子宇文毓、杨坚和李渊的父亲李昞，可以看出独孤家族在关陇地区的势力非比寻常。

就在前一年，宇文泰有心立长子宇文毓为世子，转念一想，长子是独孤信的女婿，如果日后独孤信作为外戚干预政权怎么办？

基于如此考虑，宇文泰又想立刚刚成年的嫡子宇文觉，却又担心独孤信说他偏心，就召开了领导班子会议，让诸将拿主意。众将见形势不明朗，不愿意得罪任何一方，都不知如何表态，这让宇文泰很是尴尬。最终，李远打破了僵局，厉声喝道："立嫡子是古来的规矩，根据这个规矩，就该立您的嫡子宇文觉为世子，这有什么可考虑的！如果您怕独孤信有意见而迟迟不下决心，那么，请允许我把独孤信杀了吧。"

李远边说边拔刀，宇文泰连忙制止。

李远和独孤信是至交，当然不会和独孤信动真格的，只不过是当着群臣的面，想化解宇文泰和独孤信之间深微奥妙的嫌隙罢了。

宇文泰这才勉强立宇文觉为继承人。

而此时的宇文护显然不是赵贵和独孤信的对手，思来想去，他请来威望较高的于谨为他力排障碍。于谨十分爽快地答应了宇文护的请求，并说："我一向被丞相（宇文泰）看重，与之建立了骨肉之情，为了实现丞相的遗愿，我一定以死力争。明天我当着众人保举你辅政，请你不要假意推辞。"

第二天，群臣议政，于谨泪光盈盈地回忆宇文泰在世时对众将的知遇之恩："想当初，魏室衰微，人人心怀叵测。多亏丞相心怀匡扶之志，仗义起兵，才使得国家得以中兴，众生得以免祸。如今上天不公，夺取丞相的性命。他的儿子年幼，然而中山公（宇文护）就像丞相的亲生儿子一样。况且，丞相临终前又把后事交给他，所以，我们大家都应该支持宇文护主持大局。"

群臣万万没有想到，德高望重的于谨会有这样一番表态，场内顿时鸦雀无声。

宇文护接过话茬，赶紧说："辅佐丞相幼子，是我义不容辞的事。我虽然平庸愚钝，但为了完成丞相的遗愿，我就勉为其难接受了吧。"

接着，于谨恭敬向前，说："公若能接受委托，处理朝中大事，我于谨众臣就有依靠了。"说完，倒地便拜。

群臣迫于于谨的压力，只好硬着头皮拜宇文护为领袖。

宇文护非常清楚，只要宇文家族不称帝，没有君臣关系的规范，就很难制服这群桀骜不驯的大臣。宇文护没等宇文泰下葬，就火急火燎地将早已名存实亡的西魏恭帝赶下台，于公元557年正月，拥立宇文觉即位，即为孝闵帝，正式建立北周。因为宇文泰在世的时候一向尊崇周礼，故以"周"为新国号。

北周建立后，宇文觉只不过是一个挂名皇帝，宇文护一手遮天。他让赵贵担任大冢宰，这个位子有名无实，同时收回独孤信手中的大司马一职，自己担任，把国家的军事大权牢牢地抓到自己手中，并和于谨、李弼及侯莫陈崇联合执掌朝政，最后将赵贵和独孤信挤出中央领导班子。

这时，远在盐州（今陕西省定边县）的刺史宇文盛向宇文护密报，说赵贵与独孤信已经秘密商量好了，准备瞅准时机干掉宇文护。

宇文护先下手为强，在赵贵入朝时，早已准备好的士卒将其绑住，赵贵有些犯愣，还没回过味来就身首异处了。同时，宇文护又罗列了独孤信的几大罪状，并逼他在家自我了断。

其实，只要有点头脑的人就知道这件事大有疑问，如果赵贵和独孤信真的想铲除宇文护，那么，人在外地的宇文盛怎么会事先得知消息呢？是赵贵真想谋反还是宇文护专门设套加害赵贵，真相已经淹没在茫茫的历史长河中了。

赵贵、独孤信一案刚刚了结不久，宇文护索性一不作二不休，把孝闵帝也给杀了。

接下来，宇文护又拥立宇文泰的长子宇文毓为帝，即为周明帝，此人是独孤信的女婿、杨坚的连襟。

宇文毓是一个聪明好学而又励精图治的好青年，有见识，有度量。宇文护哪能容得下一个奋发向上的人当皇帝呢？他恨不得皇帝都是声色犬马、斗鸡耍狗、不理朝政的公子哥儿，这样，自己才能毫无顾忌地擅权。

宇文护非常厌恶这个不错的皇帝，觉得自己摆布不了，便指使膳部中大夫李安在宇文毓吃的食物里下毒。宇文毓吃了以后，觉得饭菜不是滋味，马上意识到有人要害自己，但为时已晚，毒性已经侵入内脏。弥留之际，宇文毓口授了五百多字的遗诏："朕的儿子年幼，不能担负起国家的重任。鲁公，朕的大弟弟，为人宽厚、大度，声望传播海内，只有他能重振宇文家的帝业……"宇文毓含冤而死。

鲁公就是宇文邕，自幼胸怀大志，气度不凡。宇文毓非常喜欢这个弟弟，小哥俩相处得亲密无间，凡是朝中有事，都和弟弟商量。

两帝接连毙命，朝野震惊，人心惶惶。宇文邕即位，即为周武帝，宇文护继续把持朝政，愈发专横跋扈。

随着宇文护的权势日炽，赵贵、独孤信等老臣一个个被清洗，十二大将军之一的杨忠便是所剩的北周比较有实力的人物了。北周初年首先遭到清洗的独孤信不但是杨忠的老上司，而且还是密友兼儿女亲家。杨家这样的身世背景，宇文护不得不格外提防。

孝闵帝元年（557年），杨忠进封为随国公，官职为御正中大夫。作为实力派的杨忠，宇文护一直把他视作眼中钉。

这年杨坚十七岁，被任命为右小宫伯，晋封大兴郡公，正式踏上仕途。杨坚的这个官当得并不容易，因为皇帝说的不算，宇文护一手遮天。杨坚在两难中徘徊着，如果倾向于宇文护，说不准宇文护哪天倒台，将来势必会受牵连；如果和皇帝走得太近，掌握大权的宇文护肯定饶不了自己。

每逢朝会，作为皇帝贴身侍卫的杨坚佩戴整齐，威严地立于两班卫士前头。但是，威风凛凛的背后，个中滋味，旁人是体会不到的，只有杨坚自己明白。

宇文护让杨坚担任小宫伯，初衷就是想让他成为皇帝身边的"探子"。如果有杨坚这样的优秀人才帮衬着，对于宇文护来说，无疑是如虎添翼。

对于当还是不当宇文护的"探子"，杨坚拿不定主意，立即和父亲商量。杨忠告诉儿子，最好的办法就是不要和宇文护闹翻，不得罪也不巴结，对皇帝也不要过分亲近。在权臣和皇帝中间走平衡路线，不要卷入政治斗争的漩涡，或许还能躲过一些不必要的麻烦。杨忠特别叮嘱儿子事事要低调，和任何人都不能直接发生冲突，内心深处的想法必须要隐藏好，不拉帮结派，大事不参与，小事装糊涂，要给人一种淡泊名利、无心政治的假象。

武帝即位（560年）后，二十岁的杨坚从右小宫伯改任左小宫伯，虽然是扶了正，事实上左、右宫伯并没有多大的变化。

岁月如梭，保定元年（561年），长女杨丽华出世。当了父亲的杨坚再也不是当年那个意气风发的少年郎了，虽然才二十出头，但是，脸上已经布满了沧桑。

这些年，杨家的日子过得颇为坎坷，虽然保全了性命，但宇文护对杨家明里暗里的蓄意找茬儿，也够让人揪心的了。就在宇文护诛杀一个个元老的时候，杨忠低调行事，不参与朝中任何派系的斗争，以免被宇文护抓住小辫子。

保定三年（563年），突厥进犯，杨忠为了回避朝廷斗争，主动请缨出兵塞北。不愧是老将，杨忠一出征，兵锋所指，突厥兵就被打得七损八伤。

第二年，北齐也来进犯，杨忠率领大军，将北齐的防御工事攻破，数日攻下北齐二十余城，杨忠一战而荣获了显赫的声名。

武帝对杨忠的战功赞赏有加，想封他为太傅，而宇文护一直对杨忠父子不远不近的态度耿耿于怀，在封赏杨忠这件事上，从中作梗，后来这个官就没封成。结果，拜杨忠总管泾、幽、灵、云、盐、显六州诸军事，离开京城，到泾州当刺史去了。

杨家所受到的不公正待遇，刺痛了杨坚，他从心灵深处仇恨宇文护。同时，杨坚深深地了解了北周的政权派系斗争。他的政治理想受挫，空有一腔爱国热血却不被人所知，他时常无助地望着苍天长吁短叹："我杨家还有出头之日吗？"也许这时候，杨坚就已经有了反叛之心。

保定五年（565年），宇文护心血来潮，将多年没有升职的杨坚晋升为大将军，二十五岁的杨坚被派到随州（今湖北省随州市）当刺史。此次出任，他没有带着妻儿，因为路途遥远，杨坚想把一切都安顿好之后，再作打算。

随州地处偏远，但易守难攻，北周、陈朝两军曾一度为争夺这块宝地战事不断。

北周为了更好地守住这块地盘，调整了荆、襄一带的机构，把荆州（今湖北省荆沙市）、安州（今湖北省安陆市）和江陵总管隶属于襄州（今湖北省襄樊市）总管府。随州也归襄州管理，并派武帝的亲兄弟宇文直出任襄州总管。杨坚一到随州，立即拜谒新上司宇文直。

宇文直是宇文护的党羽，不可一世，瞧不上从大老远赶来的杨坚。看来，杨坚又一次面临着不可预知的危险。

出于礼节，宇文直三天后派部下庞晃对杨坚进行了回访。

庞晃是宇文直手下的一名大将军，但他对宇文直并不愚忠，对事物有着敏锐的判断力，也有一套自己的处事方法。他一见到杨坚，就被其不凡的气度吸引住了，他相信杨坚绝非平庸之辈，二人越谈越投机，遂为知己。在当时，能看好大志难伸的杨坚，是很不容易的事。

谁知，杨坚还没坐热随州刺史的交椅，一封火急火燎的调令又摆在了他面前——速速回京。

杨坚返京的途中，再次路过襄州，此时的心情，可以用"万分沮丧"来形容。没想到庞晃前来迎接他，杨坚心头不由得一阵暖流，便把庞晃作为上宾请到住处，热情招待。酒酣饭饱，庞晃对杨坚耳语："兄长吉人天相，将来一定成就大业。如果兄长有一天能君临天下，千万别忘了小弟。"

庞晃预言杨坚将来要当皇帝，这可是掉脑袋的话，要是让别人听见，即使浑身是嘴，也说不清楚了。没想到，杨坚没有生气也没有反驳，反而默默无语。两人从日暮喝到晨曦微现，雄鸡报晓，觥筹交错中，知心的话儿说了几箩筐，两人的感情更加坚固。

至天和三年（568年）的春天，杨坚已经赋闲在家快一年了，这时，母亲吕苦桃病危，杨坚日日夜夜守护着母亲。母亲见到儿子这般孝顺，病情好了一半，杨坚悬着的心这才放下。

经过一番深思熟虑，杨坚觉得反正现在也无事可做，干脆顺水推舟，向朝廷上了奏折，继续在家侍奉生病的母亲。杨坚认为，这样做可以一举三得：一来可以在母亲床前尽孝；二来深居简出，以防遭受宇文护的打压；三来可以就近观察朝中大事小情，及时了解局势的动向。

不久，杨坚便博来一片"纯孝"的赞誉，堂堂一个大将军在家侍奉母亲的不平凡事迹，一时间被天下人传为美谈。宇文护听了越发忌恨，杨坚在朝中没有立足之地了。

也就是这一年，在外地任职多年的杨忠身体突然不适，回到京城后不久就离开了人世。杨坚承袭了父亲的爵位——随国公。

在宇文护使出看家本领祸害朝廷的时候，当朝皇帝周武帝一幅大智若愚的样子，之前两个兄弟遇害，他深感悲痛。这些年来，武帝任凭宇文护专权跋扈，尽量让宇文护在政治舞台上像小丑一样跳来跳去地表演，从不过问政事，唯恐遭到暗害。武帝坚信，只要保住性命，将来不愁没有机会收回皇权。

武帝知道，宇文护的眼睛时时刻刻盯着自己，必须小心应付，不能出现一点差错，否则，不仅皇位难保，恐怕连性命都会丢掉。怎么才能让宇文护对自己放松警惕呢？早晨，他到花园浇浇花，或者教那几只黄白相间的鹦鹉说几句问候语；上午小睡一会儿之后就到御书房读书练字；下午到某个喜欢的妃子那里下下棋，如果输了，就被罚喝酒；晚上多是观看一群漂亮的宫女为自己表演。

武帝不露棱角，给人难以成大器的样子，宇文护看在眼里，喜在心上。

殊不知，武帝这是韬光养晦、忍辱负重。

宇文护估计武帝成不了什么大气候，慢慢放松了警惕。

机会终于来了，天和七年（572年）春，武帝以迅雷不及掩耳之势，成功地发动了一场宫廷政变，消灭了宇文护。

当时宇文直和陈朝军队交战，损兵折将，几乎全军覆没，宇文护大怒，给了宇文直一个撤职的处分。宇文直虽然是宇文护的亲信，但他又是武帝的亲兄弟。对于宇文护这种用人朝前、不用人朝后的无情做法，宇文直恨得牙根直痒痒，这才想起自己的亲兄弟是当朝皇帝，于是就给当时没有实权的武帝发去密函，请求诛杀宇文护。聪明的武帝一看收拾宇文护的机会到了，立即秘密召集心腹宇文神举、王轨、宇文孝伯等，开始布阵，准备对宇文护出招。

三月，宇文护从同州（今陕西省大荔县）回到京城，按照惯例，他要先给皇帝请安。武帝平时接待宇文护，从来不敢摆皇帝的架子，而是以家人的礼节招待这位大自己很多的堂哥。宇文护拜见太后的时候，太后都让他坐着，武帝则哆哆嗦嗦地垂手站在一边。

这次照样，武帝见到宇文护，显得非常恭敬，说："兄长离家多日，我们先去拜见太后吧。"

接着，武帝叹了一口气说道："太后年纪大了，颇爱喝酒，朕说了几次，她也不听，兄长今日回来，帮着朕劝劝她老人家吧。"

说着从怀里掏出早已准备好的《尚书·酒诰》，交给宇文护说："给太后念念这篇文章，兄长的面子大，太后兴许会听您的。"

宇文护做梦也没想到周围已经布下天罗地网，心想万事孝为先嘛，该装样子的时候还得继续装。

兄弟两人来到太后居住的含仁殿，宇文护假惺惺地说婶婶好，婶婶吉祥。周武帝伺立一旁，宇文护面对太后打开《尚书·酒诰》，一本正经地读将起来。

对婶婶的一片"赤诚"之心使得宇文护忽视了身边的一切，真有点入境了。武帝心想，机不可失，时不再来，一定要把握住这次机会，就悄悄地绕到背后，用手中的玉珽猛击宇文护后脑壳。宇文护猝不及防，被打倒在地。武帝命令宦官何泉用刀赶紧斩下宇文护的首级。

但何泉连砍数刀都没砍中要害，宇文护疼得在地上乱翻乱滚。说时迟那时快，潜伏在屋内的宇文直冲了出来，手起剑落，宇文护再也不能动弹了。

就这样，一连杀掉了两个皇帝，把持北周大权十六年，让武帝忍了十二年的一代权臣宇文护死了。

随后，周武帝下诏宣布宇文护的罪状，收斩宇文护诸子及其亲信党羽，武帝终于收回了旁落多年的皇权，宇文护专权时代就此结束了。

武帝大赦天下，并把这一年改为建德元年，表示要建立一个以德治国的社会。

武帝亲政，决战北齐

北周的前两位皇帝在位时间都很短，都被宇文护所害。第三任的周

武帝是一位雄才大略的君主，他沉稳机智，能屈能伸。

这位大智若愚的皇帝，亲掌政权后，开始整饬内政，没日没夜地工作，而且工作效率非常高，表现出一个出色政治家的风范。

在生活上，武帝非常注重节俭，和老百姓一样，平时穿粗布衣服，全身上下从不披金戴银。寝宫的布置也很简单，床单被罩帷幔都是由粗布制成，同时禁止后宫有任何的精美装饰。前朝宫殿留下来的雕梁画栋，武帝也看着闹心，一概派人去掉了。武帝还把墙上挂的名人字画，也令人统统收起来，装箱入库，放得远远儿的。

武帝还是一个比较有亲和力的皇帝，每次出征前他都亲自走到士卒中间慰问一番，他甚至能记住许多普通将官的名字。武帝还经常大摆宴席犒劳将士，酒桌间，都是亲自执杯劝酒，拍拍将士的肩膀，亲切地叫着他们的名字，说上一句"辛苦了"，叫得将官们心里热乎乎的。

征伐北齐时，武帝见一士卒光着脚走路，就脱下自己的靴子给他穿上。正是因为有这样一位平民化的君主，所以将士们都愿意为他效命，甚至赴汤蹈火也要报皇恩。武帝依靠并不强大的国力与强大的北齐抗衡，并最终灭掉了对手，这和他平时以身作则是分不开的。

在治国上，他一主政，就开始大刀阔斧地进行整顿，从以下几个方面完善中央集权：

第一，军队改革。

要统一全国，必须富国强兵，故武帝非常注重对军队进行严格的训练，不但亲自传授兵法，而且经常进行大规模的实战演习，以提高战斗力，为日后消灭北齐打下了坚实的基础。

武帝对父亲宇文泰创制的府兵制进行了改革。改革后，府兵成为皇帝的亲从，并将诸军军士更名为侍官，而任职的都是皇帝的亲信，最高统帅为皇帝。这样，皇帝将军权牢牢抓在手中，彻底杜绝了大臣擅权的现象。

武帝还鼓励汉人参军，吸收汉族豪强武装力量。汉人士兵与鲜卑士兵的数量基本相等，打破了原来军队以鲜卑族战士为主体的特色，使得府兵制逐渐成熟起来，对整个国家的政治格局发挥着愈来愈大的作用。

第二，政治改革。

当年，宇文护以天官大冢宰把持国家大权，天官即为管辖其他五府的最高等级的官。为了防止重蹈覆辙，武帝取消大冢宰的额外优待，与五卿地位同等，使军政大权重新回到皇帝手中，这样就不会出现宇文护专权之类的现象了。这是武帝多年韬光养晦、深思熟虑的政治经验总结，是对秦汉政治体系的沿袭和发展，反映了他对汉族文化特别是儒家思想的情有独钟。

第三，尊儒家思想为正统。

北周武将中有很多人是虔诚的佛教徒，武帝首先要做的，必须让他们回归到儒家正统上来。只有吃透儒家思想，才能实现齐家治国平天下的终极目标。保定三年（563年），他视察太学，慰问读书人，尤其推崇名噪一时的儒家学者。天和元年（566年），亲自在正武殿向文武百官讲解《礼记》，倡导以礼治国。此后，不间断地开设《礼记》专题讲座，组织臣僚听讲。

第四，宗教改革。

南北朝时代，无论是北方的黄河流域还是南方的长江流域，佛教盛极一时。佛寺遍布全国，不管是市井喧哗的大城市，还是人迹罕至的荒郊野外，只要有人烟的地方，就能看到虔诚的佛教徒闭目诵经。仅北周境内，寺院约万余座，和尚、尼姑约百万人，大批青壮年抛弃家庭，加入其中。

物极必反，青壮年皈依佛门，不纳租调，使国家的财政收入减少。尤其在国家动荡的大形势下，只顾自己找一席安寝之地，造成的结果就是，前方缺少杀敌的战士，后方缺少劳动力，整个社会出现了严重地人力短缺的现象。武帝决定借助政治手段进行干预。

武帝强令僧人脱下僧袍，蓄起头发，从暮鼓晨钟的寺院返回家乡；命令道士脱下道袍，抛弃道冠，离开烟熏火燎的炼丹场；所有僧人、道士，要么拿起锄头，回归农田，做一个自力更生的建设者；要么拿起武器，上前线杀敌，做一个视死如归的英雄。仅让那些较有学识的高僧道士进入庙庵道观工作，大量的佛像、天尊被砸，无数的宗教经典被毁。

周武帝的禁佛活动，伤了许多佛教徒的心，对于深信佛理的杨坚来说，心里更不是滋味，因为杨坚无法忘怀十三年青灯古佛的寺庙生活，难以割舍对智仙法师的依恋和尊敬。

"将来……我一定大兴佛教。"他暗暗发誓。然而，对于国君的禁令，他们除了无条件服从以外，绝不敢公开表示自己的不满情绪。杨坚称帝后，果真大力发展佛教，这是后话。

佛教风波刚刚停息，武帝又把精力转移到人事关系方面。改变了宇文护时代排挤元老的特点，不但任用宇文家族的人稳定皇权，同时还重用元老以及有本事的政治新秀，平衡各派系之间的关系。

建德二年（573年）九月，武帝考虑到杨氏家族无论是威望还是地位皆非比寻常，下诏纳杨坚的大女儿杨丽华为太子妃，杨坚听后甚为感动，向武帝跪拜表达谢意。

武帝躬身扶起杨坚，欣慰地说："亲家，咱们两家联姻后，就是一家人了，从此以后风雨同舟、荣辱与共。"一句话，驱散了杨坚多年来心头的不快。

杨坚没有料到，正是武帝的一系列决策，无意中将他迅速拉近到权力巅峰。可杨坚对周王室曾经给他造成的伤害仍然耿耿于怀，内心渴望获取更大的权力，暗暗发誓："我杨坚一定要崛起，一定要实现最高的目标。"这个信念一直萦绕在他的心头。

建德四年（575年），北周经过一系列军事、政治的改革，内部安定，军事力量也随之增强，全民满怀希望地在这片朝气蓬勃的土地上建设美好的家园。接下来，武帝开始琢磨统一中国之事了，于是，他把矛头指向了东边的北齐政权，寻觅征服的良机。

此时，北齐拥立了一个昏君高纬，把国家治理得越来越糟糕。

北齐就是高欢从北魏分裂出去的东魏政权，高欢死后，其子高洋废掉东魏孝静帝，建立北齐。

北齐是当时中国境内三个政权当中综合国力最强的一个，军队骨干是由六镇之一怀朔镇的中下级军官组成的。北齐的势力范围包括山东、河南等地，而北周地处关陇一带，地瘠民贫，其人力和物力远不及北齐。加之高欢是继承尔朱荣庞大的遗产及强大的军队而起家，家底相当丰厚。高欢死后，其子高洋即位，只顾贪图享乐，不理朝政，政权内部矛盾日益激化。

公元560年，高洋的儿子废帝高殷被叔父高演、高湛杀死，高演继位，但不到一年也死了。接着高湛为帝，在位仅四年，忽然听太史说天象预示，如果高湛再占着皇位，高氏政权将不保了。高湛吓得立即传位给九岁的儿子高纬，自己当上了太上皇，一门心思地吃喝玩乐去了。

到了公元568年，三十二岁的太上皇高湛驾崩，国家的重担一下子落到了十二岁的高纬身上。这个孩子从小也没教育好，除了听乳母陆令萱的话，谁说的话都是左耳朵听右耳朵冒。朝中小人掌握国家大权，陆令萱的儿子穆提婆为宰相，还有宦官和士开整日围绕在高纬身边，这些人一手遮天，不仅徇私枉法祸乱国家，还陷害忠臣兼军事天才斛律光。斛律光是国之栋梁，他的被害，可以说是北齐"自毁长城"。

周武帝听到斛律光的死讯，心中大喜。之前，周武帝迟迟不敢攻打北齐，就是畏惧斛律光，现在此人被除，他可以毫无顾忌地实行统一北方的计划了。

后主高纬长到二十岁了，仍像一个顽童，声色犬马，无一不好。他还有一个毛病，就是一张嘴就口吃，尤其在公开场合，从来都是吭吭哧哧地说不上几句话就冷场。按理说，作为皇帝，有这个致命的毛病，得抓紧时间练习口才啊，可是，高纬根本不拿自己的缺点当回事儿，每天只知道嬉戏，倒是能弹得一手好琵琶，常弹《无愁》之曲，贴身近臣常应景跟唱，民间称高纬为"无愁天子"。

这位"无愁天子"最夸张的一项爱好，就是超限级体育项目——裸奔。在这一爱好上，高纬能下得起辛苦，无论冬夏，时常披头散发、赤身裸体地在大街上狂奔，使得全民都为有这样的君王而难为情。

话说回来，建德四年（575年）七月，武帝调集十八万大军，浩浩荡荡从关中出发，进逼中原，直接挺进到北齐属地河阴（今河南省洛阳市北），北周迈出了统一中国的第一步。

在这次重要的征讨中，武帝还准备了三万水军，组织成偏师，任务是随时支持主力部队。偏师的主师为三十五岁的杨坚。多少年了，杨坚第一次被重用，也是第一次获得统兵的权力，他非常珍惜这次来之不易的机会，下定决心一定要出色完成任务，以此来换得更好的机会。

杨坚率水军经渭水越过黄河，向北齐腹地挺进。

北周军队斗志昂扬，水陆并进，船骑同行，攻城陷地，所向披靡。北齐军队措手不及，被打得落花流水，一败再败。北周将士们越战越勇，想一举攻下洛阳。洛阳，若能拿下，便可占领中州之地，进而占据中原。

北齐在洛阳驻扎精兵，城墙坚固，周军遭到齐军的负隅顽抗，死伤无数。勇敢的周军踏着同伴的尸首，不要命似的向城头攀登，想攻进城去。可是，北齐军站在高高的城头上向周军射箭、扔滚木，使得周军寸步难行。

看来，想尽快攻下洛阳决非易事，双方大战三天三夜，北周好不容易夺得了一块立足之地，随即又被北齐军的增援部队夺回去。恰在此时，北齐右丞相高阿那肱率二十万精兵从东、北、南三个方向进逼周军，先头骑兵眼看就要赶过来了。

周武帝由于连日操劳，再加上急火攻心，病倒在营帐里，军队不得不暂时撤退。

大队人马在前头掩护周武帝撤退，留下杨坚的三万水师断后。众将极为紧张，大家心里都在嘀咕："如果被北齐军追上，区区的三万水师怎么能战胜对方的二十万大军呢？到时候岂不是羊入虎口？"

这时候，杨坚毫无慌乱之感，他与诸将商量道："我们的三万水师，来的时候是坐船东进的，如果再乘船返回关中，就属于逆流而返，如果天公不作美，或者遭遇齐军袭击就惨了。为了避免麻烦，大队人马回到陆地上步行撤军。"

众将点头称是。临撤退前，杨坚令士卒把大船小舟一律点火焚烧。在满河的冲天大火中，杨坚率兵登上陆地向西撤退。不日，杨坚三万士卒悉数返回。

此次战役，杨坚的军事才能尽显无遗。武帝对他更是刮目相看，视之为国之柱石。

建德五年（576年）十月，武帝再次亲率六军征伐北齐，这是历史上最著名的北方统一之战。

在这次战争中，北周避开洛阳一带，改入山西。杨坚被任命为主力右路第三军总管，会同各路军队，准备一举攻克北齐的老家晋州（今山西省临汾市）。

　　武帝亲率步骑十四万人，直插晋州，十月十七日攻下晋州。此时，荒淫祸国的齐后主高纬正在不远的晋阳（今山西省太原市）。十月十一日，后主在天池（今山西省宁武县西南管涔山上）和淑妃冯小怜打猎游玩。晋州告急的文书从早晨到中午用快马传递了三次，报信的使者说："皇上，不好了，晋州危急。"高阿那肱说："皇上玩得正在兴头上，一次微不足道的交兵，乃是常事，何必这么急着来报。"

　　待前线传来晋州城陷的消息的时候，后主这才想回晋州城，冯淑妃却娇声说："皇上，再杀一围嘛。"

　　为了赢得美人笑，后主完全不顾前方战事，欣然从之："那就听爱妃的，咱再杀上一围。"

　　此时，武帝已经率领大军退居玉壁（今山西省稷山县南），只留梁士彦带一万精兵坚守晋州城。北周利用这一围时间，积极在晋州部署。

　　杀过一围后，后主这才带着冯淑妃来到晋州阵前，观看阵况。皇上一来，士卒们心里就有底了，积极性比皇上不在的时候高多了。北齐士卒一鼓作气挖地道，马上就要攻破城墙。

　　北齐眼看胜券在握，冯淑妃娇声对后主说："皇上，臣妾正在梳妆，一会儿收拾妥当再攻城，好让臣妾亲眼目睹大军入城的热闹场面。"

　　冯淑妃的话后主不敢不听，传令让军队等会儿再战。

　　当冯淑妃打扮完毕，花枝招展款款地走出来时，周军已经把北齐挖好的地道堵得严丝合缝的了。

　　即将到手的胜利却因为冯淑妃梳妆给耽搁了，齐军最终没能夺回晋州。

　　回到关中的周武帝见齐军已经人心涣散，急忙率八万精兵，再次进入晋州，想趁此良机，一举消灭北齐。

决战那天，周武帝亲自来到阵前，亲切地叫着将帅的名字，拍着他们的肩膀说："将军辛苦了！"三军将士感动得涕泪横流，发誓赴汤蹈火，死而无憾。

而齐军方面，后主照样携冯淑妃上阵观战。两军交战，杀声震天，相持不下。在阵上观战的冯淑妃和宰相穆提婆见到北周军队越战越勇，齐军东翼看起来有些力不可支，冯淑妃吓得魂飞魄散，大叫："败了！败了！咱们快跑吧。"穆提婆也跟着喊："皇上，我们马上败了，保命要紧啊！"后主一听慌了神，他不看清局势，又怕死，听说要败了，拉起冯淑妃扭头便跑。

大臣们拼命地拽着后主的衣角，跪地苦苦哀求："皇上，您可不能走啊，有您坐阵，会增加士卒们的士气，真正的决战还没开始呢，您一走，军心肯定涣散。"大臣们的苦苦相留遭到穆提婆的呵斥，边说边护着后主落荒而逃了。

后主一跑，北齐全军斗志全无，霎时如风落云散，北周军队乘胜攻占重镇晋阳，接下来要直捣齐都邺城。

齐后主仓皇逃走，打算北投突厥。走到半路，一个部下叩头苦谏，劝后主："皇上，百姓都等着您呐，您千万不能不顾国家的大局自己逃跑啊。"

后主这才打马回转，到邺都停下来，招兵买马，集中军队，准备卷土重来，和北周再次决战。

这时，大将斛律孝卿对后主说："皇上，大战在即，您最好亲临战场慰问一下。这样，士卒会战得更来劲。"

本来后主没什么才能，平时连话都说不成句，群臣怕后主出丑，斛律孝卿便亲自写好一篇慰问词，希望后主能说得慷慨激昂，鼓励一下将士们的士气。可是，齐后主走到阵前，事先写好的慰问词不知丢到什么地方去了，加之有口吃的毛病，面对众多士兵，张了张嘴："这个……那个……"就再也说不出什么了，红着脸吭哧了半天，竟不知所以然地哈哈大笑起来，左右随从也茫然地跟着笑。

顿时，把整个军队笑毛了，士兵猜不透皇上为何发笑，接着是一片喧哗。军队将士们见此情景，一个个像泄了气的皮球，纷纷说："马上要打仗了，皇帝还傻笑，我们干着急有什么用？"

北齐将士与北周一交战即大败。

到了年底，北周军队一鼓作气，拿下北齐重镇晋阳。消息传来，齐后主吓得不知所措，好歹熬到了次年正月，他赶忙禅位给八岁的太子高恒，自称太上皇。随后他携幼帝逃到山东一带的济州。一路逃亡，他觉得国家危难之际，当皇帝的危险性太大了，又把幼帝的帝位禅让给任城王高湝，而他继续出逃，想从青州逃往南陈国避难。谁知，周军出其不意跟踪而至，将齐后主及其家族擒获。

受禅位的任城王高湝颇有能力，深得将士们的信服。高湝在冀州（今河北省冀州市）招兵买马，短时间内就聚集了四万多士卒。这时候，周武帝远在京师，得知高湝在冀州的情况，立即部署好作战方案，派齐王宇文宪和杨坚率领大军，前往征伐。齐王和杨坚迅速包围冀州，高湝的部将见没有取胜的可能，就弃械投降了，只有高湝带领少数人孤军作战，最后还是没有杀出重围，成了俘虏。

后主高纬被俘后送到长安，封为侯爵。九个月后，周武帝诬陷高纬谋反，所有高氏皇子皇孙，全被处斩。冯淑妃沦为奴隶，给人舂米。其他贵不可言的皇后公主，发配到益州（今四川省成都市），成为普通百姓，每日靠在街头卖"取灯"（火柴的旧称）谋生。

北齐这个仅存二十八年的短命王朝，在人间制造了无数罪恶之后灭亡了。中国北方就此统一，时间是公元577年。

朝堂生疑，隐晦锋芒

为了表彰杨坚灭齐的功劳，建德六年（577年）二月，武帝任命杨坚为河北定州总管（军区总司令），进位上柱国，杨坚在既定的目标上又向前迈了一大步。

定州是河北的重镇，它西傍太行山，东临宽阔的平原，地广人稠，兵精粮足。杨坚倍加欣喜，他希望在这里大展宏图。恰好他的患难知己庞晃也被派到离定州不远的常山郡（今河北省正定县南）当太守。这样的安排正合两人心意，以后商量大计就方便多了。

就在杨坚准备大展宏图的时候，危机却悄悄地降临在他的头上。

杨坚成为皇亲国戚之后，周武帝对他"益加礼重"。由于杨坚地位的骤然上升，引起了一些皇室成员和朝廷重臣的戒心。

建德四年（575年）五月，也就是杨坚成为太子岳父的次年，齐王宇文宪就在杨坚的长相上大做文章："陛下，普六茹坚这小子有反相，臣每次见到他时，总是不觉失去主意。此人恐怕不肯久居人下。"

武帝对杨坚印象颇佳，不太信服有关相貌的说法，对于宇文宪的进言，武帝只是淡淡地说："此人只不过是柱国将军而已，不必多虑。"

武帝对于宇文宪等人及早铲除杨坚的意见，表面上或许不在意，但是，一想到宇文护擅权的时代对自己的打压，武帝也并非毫不动心，隐隐约约感觉到和杨坚联姻也许就是一种历史错误。于是武帝秘密地把术士来和召到宫中，隐讳地说："来术士，你能从随公的相貌上看出点门道吗？"

来和平时和杨坚关系不错，没想到武帝会问到这么严重的问题，心想必须小心回答，一旦失言，后果将不堪设想。

来和灵机一动，机警地回答："随公只是一个本分之人，可镇一方，若为将军，战无不胜。"

一出宫，来和就找到杨坚，告以实情，杨坚称谢不已，对来和发誓说："您的大恩大德我此生难忘，将来一旦成就大业，定当厚报。"

话虽如此，武帝还是对相貌奇特、出身将门且有军事才能的杨坚放不下心，一直寻思："随公这人可靠吗？朕百年之后，太子登位，随公该不会窃政吧？"

武帝担心杨坚日后窃政，主要是因为自己立了个不争气的儿子当太子。

武帝所立的太子宇文赟是一个很令人头疼的纨绔子弟，他一捧起书就犯困，一部《论语》读了半年还不解其意，甭提背诵了。老师再三叮嘱："太子殿下，《论语》务必要好好研读，否则将来何以君临天下？"

无论老师怎么引导，太子就是无心向学，还振振有词："刘邦也不会背诵《论语》，他还无赖呢，照样打江山。"气得老师无言以对。太子最爱的是稀奇古怪的玩意儿，什么侏儒搞笑、巨象巡游、虐马、剥驴皮，通宵达旦地玩耍。

建德五年（576年）八月，宇文赟作为太子征伐吐谷浑，武帝主要是

杨坚像

让他积累一些实战经验。太子却在军中频频失德，让人看笑话，从征的王轨将此事奏报武帝。王轨，北周的帷幄重臣，曾参与诛杀宇文护的密谋，是武帝的心腹。

武帝大怒，把宇文赟及其身边的跟班狠狠地揍了一顿。尽管挨了揍，宇文赟全然不知悔改，过几天，好了伤疤忘了疼，与心腹郑译等人吃喝玩乐如初。郑译竟然说出大逆不道的话来："殿下何时能掌管天下啊，臣等不及了。"宇文赟觉得郑译这话说到自己心坎去了，更加喜欢郑译。

知子莫若父，武帝对不成器的儿子管教愈加严格，亲自制订了一套教育太子的方案，规定太子和朝臣一样早起朝见，即使数九隆冬，也不许太子睡懒觉。武帝认为，越是地冻天寒，越能收到锻炼身心之效。武帝又知道太子喜欢喝酒，便不许酒入东宫。太子一有过失，武帝便用鞭子、棍子教育之。为了能把太子的文化水平提高上去，武帝还特意给他配置了最过硬的教育团队，挑选了一批有德有才的官员入驻东宫。这些老师除了给太子上文化课外，每个月还要打一份报告，记录太子的日常表现。武帝甚至还规定让太子一年深入民间一次，以真切体察民风民俗。

迫于父亲的威严，太子把表演的天分发挥得淋漓尽致，人前装得人模人样，背地里坏事做绝。

即便如此，武帝的教子效果收效甚微，太子越来越不像话。朝中大臣对太子的品行了如指掌，他们认为总有一天太子会把武帝建立的基业给败坏掉。出于对江山社稷的考虑，王轨曾经严肃地向武帝进言："皇太子非社稷之主，将来恐怕难以承担大业。"

还有一次在宫廷宴会上，借着给武帝上寿的机会，按照当时的风俗，王轨半开玩笑地捋着武帝的胡须："这么好的父亲，可惜没有好儿子。"好强的武帝，一听这话，觉得这张老脸真是没地方搁了，恨不得找个地缝钻进去。

武帝当然了解自己的儿子，但他是自己的血脉，关乎国家未来的命运，不可轻言放弃，即使是扶不起来的阿斗也要扶。再说，其他儿子年纪都小。武帝甚至想跳过儿子，索性立弟弟齐王宇文宪为帝。这个想法一出现，内心不免波涛汹涌。中国皇帝是父死子承的传统，一旦不遵守这个礼法，会不会影响江山社稷的稳定？宇文宪再怎么优秀，毕竟那是弟弟。父子之间才是最近的血缘关系，舍近求远，合适吗？

立宇文赟为未来皇位继承人，实在是没办法的事。

武帝没有办法塑造好无能的儿子，唯一的办法就是自己在世时选好太子身边的辅臣，希望这些辅臣将来能把太子这块烂泥扶上墙。出于这样的考虑，武帝特别留意与太子有关系的人，他注意到了太子的岳父杨坚，将来无能的太子即位后，根本不是杨坚的对手。再联想到有人说杨坚有反相，武帝不禁心惊肉跳，愁得整宿整宿睡不着觉。

王轨有时候直接提到杨坚："皇太子将来肯定担负不起国家的重任，普六茹坚有反相，还是趁早为太子扫除障碍吧，以免养虎为患。"

武帝听后越来越惊惧，又一次询问术士来和，来术士早已和杨坚打得火热，当然坚持原来的说法："没什么异相，充其量就是个大将军。"

木秀于林，风必摧之。杨坚的仕途扶摇直上，大臣们一次一次提醒武帝要警惕杨坚。

尽管杨坚知道武帝不会滥杀无辜，但在听到一些风言风语后，心里总是有些不踏实，伴君如伴虎啊，杨坚告诫自己在言行上一定要更加谨慎。看来，还得苦练内功，继续低调，凡事不能出头。他深知，藏住了锋芒，就保存了实力。

尽管杨坚一直是朝廷的威胁，但杨氏家族、独孤家族的势力不容小觑，想扳倒杨坚绝非易事，加之他又是太子的岳父，一些明枪暗箭无论如何也是奈何不了他的。

武帝一想到杨坚，总有一种如鲠在喉的感觉。如果不加剪除，毕竟后患无穷。思来想去，武帝觉得还是在杨坚的官位上做点文章吧。杨坚在灭齐战役中表现不凡，执掌了河北大权。武帝觉得这么重要的地方让杨坚负责，将来恐怕生变。于是就在公元577年，下令将上任不到一年的杨坚调到毗邻南朝的兖州（今安徽省亳州市）任总管。当时的兖州，远离京师，属于北周边境，谁也不愿意去此地发展。

改任兖州，无疑是将杨坚发配了。

杨坚接到调令，自然明白是怎么回事，他一想到隐忍多年，结果落得个发配边疆的下场，心里越发不平衡。尽管遇到这样的不公待遇，他也没有把不满写在脸上，而是狠狠地忍下了这口气，收拾行囊，像无事人一样走上了荒凉的古道……

这时，庞晃气得肺都快炸了，坚决支持杨坚夺取帝位。杨坚紧紧握住庞晃的手，分析时局："不急，时机还没到呢。眼下武帝声望如日中天，我们绝对不是他的对手。"

带着无以言说的心情，杨坚来到了兖州上任。时间很快到了公元578年的新年了，听着外面稀稀疏疏的鞭炮声，杨坚丝毫没有感受到新年的快乐。是年，杨坚三十七岁。

南方的陈朝蠢蠢欲动，想借北齐灭亡的时机，夺取徐州、兖州两地，结果和北周在彭城厮杀开了。一战下来，陈朝溃不成军，主将吴明彻以下三万士兵全部被俘。从此，黄河流域和长江流域上游地区尽归北周。

武帝信心十足，将这一年改为宣政元年，准备消灭陈朝，进而一统华夏。

武帝开始为统一中国做准备，这年五月，他亲率大军，准备消灭栖居在东北的北齐残余势力高绍义、高宝宁大军，顺便打击一下虎视眈眈的突厥。

计划不如变化快，大军刚刚踏上征途，一件意想不到的事情发生了。武帝在北伐的路上忽得暴病，大部队只好返回，没想到还未回到京城，武帝就死在兵舆之中，年仅三十六岁。

可叹一代英主周武帝，在堂兄宇文护连杀两帝之后，忍辱负重活下来，以大无畏的精神诛权臣，收回皇权，又冒着得罪天下佛教徒的压力，毅然废佛，将民心拉回到建设国家的大业上来。亲政后，他大刀阔斧地进行改革，一举歼灭北齐，统一北方，眼看就要统一全国，建立不朽之业。可惜，天不遂人愿，武帝竟然赍志以殁，抱恨终天，统一的大业被迫中断。遗诏，宇文赟袭承大位。

第三章
暗结党羽，掌控朝纲

北周如日中天，但是武帝在统一全国的战争中，壮志未酬身先死。在这个时候，杨坚作为国丈，一跃成为了朝中的重臣。

荒唐太子，危险国丈

宇文赟是周武帝的长子，出生于武成元年（公元559年）。建德元年（公元572）四月癸巳日，被周武帝立为皇太子，时年十四岁。第二年，周武帝以大将军、随国公杨坚长女为皇太子妃。

皇太子喜好亲近小人，胸无大志。负责教育太子的左宫正宇文孝伯见太子整日不务正业，忧心忡忡。为此，宇文孝伯向周武帝请辞说："皇太子，系天下人所瞩目。可是，至今没有听人传扬太子的德声美名，这完全是臣下的失职。臣愧为东宫的官员，实在是难辞其咎。皇太子现在年岁尚小，志向和爱好尚未养成，请求圣上趁此机会精选贤良方正的人做太子的师友，调养太子圣明的天性和品德，使太子得以日积月累地不断进步。若如不然，来日后悔也来不及了。"

宇文孝伯向周武帝提出辞职请求，是因他对于教育太子已丧失信心，担心日后要为此承担责任和罪过。周武帝深知孝伯心意，见他所言句句在理，愈是不可能答应孝伯的请求，并严肃地对他说："卿一家世代为人耿直，竭尽全力并且真心实意地做事，体察卿适才所讲的这番话，大有传统的家风。"

孝伯见皇帝没有恩准自己辞职的请求，便下拜请求宽恕，说道："说这话并不难，难的是受命的职事。"周武帝说："贤良方正的人，难道还有超过卿的吗？"

就这样，周武帝拒绝了宇文孝伯辞职的请求，又任命尉迟运为右宫正，与孝伯一起负责太子东宫的事务。尉迟运是吴国公尉迟纲之子。

宣政元年（公元578年）六月丁酉日，周武帝宇文邕驾崩。第二天，皇太子宇文赟即皇帝位，是为周宣帝，时年二十岁。宣帝刚刚登基，便纵欲奢侈。在父皇入殓安葬前，也不见他有一丝的悲哀神色，只是用手摸着被父皇杖责时所留下的伤疤，连声大骂说："死得太晚了！"在父丧期间，宣帝两眼盯着父皇后宫的妃嫔们，逼迫她们满足自己荒淫的欲望。宣帝破格提拔亲信、吏部下大夫郑译为开府仪同大将军、内史中大夫，将朝政委任给郑译。

武帝下葬后，宣帝立即下诏令朝廷内外官员除去孝服，皇帝和六官都可以参加吉礼。这时，京兆丞乐运上疏说："安葬武皇帝的日期，安排得已经十分急促。下葬后便立即除去孝服，这样做未免太急切了。"

周宣帝对于乐运的上疏根本不予理睬。他见齐王宇文宪位尊望重，颇为疑忌，便对宇文孝伯说："您能为朕图谋齐王，朕就将他的官职转授予您。"

"先帝在遗诏中告诫说，不得滥杀骨肉至亲。齐王是陛下的叔父，劳苦功高，又功德无量，是国家的重臣。陛下如果是无缘无故地加害于他，臣下又顺从圣上旨意来委曲求全，那么，臣下就成了不忠之臣，陛下也就成为不孝之子了。"宇文孝伯叩头劝阻说。

宇文孝伯的回答和态度，使周宣帝很不高兴，从此便疏远孝伯，与开府仪同大将军于智、郑译等密谋杀害齐王，派于智到齐王府上进行侦察，告发齐王宇文宪有谋害皇上的阴谋。

宣帝派宇文孝伯召宇文宪，告知他"晚上与诸王一同进宫"。宇文宪不知这一阴谋，当他来到殿门时，被单独引进宫中。周宣帝预先将壮士藏在殿内的别室，齐王宇文宪一到，立即被逮捕起来。齐王据理为自己辩解，宣帝派于智证明宇文宪有罪，宇文宪在气愤之下，目光如炬，与于智当面对质。有人在一旁对宇文宪说："以殿下今日所处的形势，哪里还用得着多言！"宇文宪回答说："死生自有天命，我难道是贪图生存吗？只是老母尚在高堂，恐怕留下这一遗憾罢了。"说着，宇文宪把笏板扔在地上，被人活活勒死。

齐王宇文宪被用计杀死，宣帝立即召集齐王的僚属，令他们证实宇文宪有罪。宇文宪的参军、渤海人李纲，发誓不惜一死，始终不肯说假话。当行刑官员用露车将宇文宪的尸体载出时，齐王府中的故吏都匆匆散去，唯有李纲抚棺而痛哭，并亲自将宇文宪埋葬，哭拜后离去。

周宣帝又杀死上大将军王兴、上开府仪同大将军独孤熊、开府仪同大将军豆卢绍，以上三位都是宇文宪平素所亲近的人。周宣帝杀死宇文宪但找不出罪名，便诬陷他与王兴等人谋划反叛，被当时的人们称为"伴死"。

为赏赐谋杀宇文宪的功劳，于智被进位柱国，封齐公。

闰六月，周宣帝立杨坚之女、妃杨氏为皇后。

七月，宣帝以亳州总管杨坚为上柱国、大司马。

大成元年（公元579年），杨坚三十九岁。正月癸巳日，周宣帝于露门接受朝见，始与群臣服汉、魏衣冠，大赦天下，改纪元为"大成"，设置四辅官：以大冢宰越王盛为大前疑，相州总管蜀公尉迟迥为大右弼，申公李穆为大左辅，大司马杨坚为大后承。杨坚从此入宫辅政。

在这次变动中，杨坚自然大得其益。从个人的军功资历来说，他都不显赫，可是就因为是国丈，所以也就当上了大后承，跻身于最高的四辅官之列，而且，在四辅官中，越王盛为宗室，尉迟迥和李穆都是耆老之人，只有杨坚才三十九岁，又具有家世和外戚的背景，显然是一颗冉冉升起的政治明星。

过了半年，杨坚再次被提升为大前疑，高居四辅之首，而且，宣帝出巡时，经常让他留守京城，足以证明其地位之显要，备受瞩目。宣帝的政治清洗，自毁栋梁，现在，杨坚似乎可以不必担心背后那些警惕的眼睛，从容进行政治布局。

然而，杨坚和武帝朝的大臣都看错了宣帝的为人。王轨曾经以为，宣帝性格太弱，不堪重负，其实大大不然。在南北朝众多荒淫暴君之中，宣帝可算是真正本性凶悍的。唐太宗和魏征曾经对北齐后主和北周宣帝作过十分有趣的讨论，比较其优劣，魏征认为："二主亡国虽同，其行则别。齐主懦弱，政出多门，国无纲纪，遂至灭亡。天元性凶而强，威福在己，亡国之事，皆在其身。以此论之，齐主为劣。"也就是说，齐后主其实是色厉内荏，而周宣帝才是货真价实的暴君。

周宣帝宇文赟即位之初，认为周武帝宇文邕制定的《刑书要制》量刑太重因而宣布予以废除，又多次发布大赦令，宽恕赦免罪犯。京兆丞乐运为此上疏说："《吕刑》上所说的'五刑之疑有赦'，是说如果事实不清而判刑尚且有所疑问，可以改为处罚；如果予以处罚尚且有所疑问，可以改为免罪。我审慎地查寻经典，也找不到不问罪行轻重而对天下罪犯一律大赦的条文，皇上怎可以多次施以非常的恩惠，来放纵犯法作乱的邪恶呢？"周宣帝没有采纳乐运的上疏。不久，民众中轻易犯法的日益增多。

宣帝又觉得自己的奢侈荒淫多有过失，却厌恶臣下们进行规劝，便想要用严刑来慑服群臣。于是，宣帝重新制定《刑经圣制》，用刑比武帝以前更加残酷苛刻，并且在正武殿举行大醮的祭礼，敬告天神后在全国实施，暗中令左右亲信监视纠察群臣，发现有小的过失，便进行谴责或诛杀，弄得朝野上下，人人惶恐不安。

周宣帝为武帝服丧，刚过一年，便恣情于声乐，鱼龙百戏，经常陈列于殿前，夜以继日。他又到处搜寻美女，来充实后宫，增设后宫妃嫔的位号，多得无法详细记录。宣帝日夜沉湎在游乐宴饮之中，有时竟一连十余日不上朝，群臣有大事请示皇帝，只能通过宦官奏请。

于是，京兆丞乐运不顾一死，令人运载着棺材来到朝堂进谏，陈述了宣帝的八条过失：一是皇上近来处理政事大多独断专制，不听取宰辅大臣的意见，不与朝臣共同商讨。二是到处搜寻美女以充实后宫，仪同以上官员的女儿不许自行出嫁，无论贵贱之人都对此怨声载道。三是皇上一入后宫，数日不出，百官所需奏请的政事，大多得依靠宦官。四是下诏书实行宽刑，不到半年，刑罚又更改得比前朝更加严苛。五是高祖皇帝躬行俭朴，驾崩不过一年，宣帝便急遽地奢侈华丽起来。六是增加百姓所负担的赋税和徭役，用来供奉歌妓、竞技、倡优等人的消费。七是上书中一旦发现误字，便当即治罪，这是杜绝言路。八是上天已示警垂诫，天子却不谘取治国善道，施行德政。乐运在上书中警告说：如不革除这八条过失，臣下将看到周朝宗庙的祭祀会因此而中断。

周宣帝为此而大怒，想要杀死乐运。此刻，朝廷大臣个个恐惧，无人敢出面营救。内史中大夫、洛阳人元岩感叹地说道："东汉末年出了个义士臧洪，敢于指责袁绍诛杀忠良，也有人（即陈容）甘愿与臧洪同日而死，不愿与袁绍同日而生，更何况古代还有忠臣比干的高风亮节！如果乐运得不到宽免，我甘愿同他一道死去。"

元岩便到殿阁上求见，机智地向周宣帝说："乐运不顾一死，前来进谏，是想要以此来求得忠臣的美名，流传后世。为陛下计，不如对他慰劳一番，然后将他放了，这样便可以显得圣上宽宏大度。"

周宣帝感到元岩说得有理，便在第二天召见乐运，对他说："朕昨夜思考了卿的奏章，您实在是位忠臣。"并向乐运赐以御用酒食，这件事才算了结。很显然，周宣帝对乐运上书中所指出的八条过失，是无动于衷的。他依然变本加厉地骄奢淫逸，不理朝政。

同年二月，徐州总管、原内史王轨闻知郑译已掌管朝政，自知大祸将要临头，便对自己所亲近的人说道："我当初在武帝临朝时，论及太子和郑译的那些进言，所申明的道理实在是为着国家社稷的千秋大计。今日的形势和命运，是可想而知了。徐州控制着淮南地区，又邻近强大的敌寇（指南陈），要想为自身的利益谋划，联陈反周，形势易如反掌。但是，忠义节气不可亏损和违背，更何况蒙受先帝的厚恩，怎可以因为获罪于继嗣的君主（指周宣帝）便骤然忘却以往。我正是在这里等待一死，希望在千秋万载之后，让人们知道我的用心而已。"

周宣帝果然对于即位前的一些往事，依然不能忘怀。他曾问郑译："我腿上留下的杖痕，是因为谁造成的？"

"这是由于王轨和宇文孝伯造成的。"郑译一边答对，一边谈起当年王轨在为武帝祝寿宴会上为先帝抚摩胡须而进言的旧事。宣帝越听越恼怒，决定派内史杜庆信前往徐州杀死王轨，但内史中大夫元岩不肯在颁发的诏书上署名。御正中大夫颜之仪也急切进谏，宣帝不听。元岩进前继续劝谏，他脱去头巾，多次跪拜进谏。宣帝问道："你想同王轨结成同党吗？"

"臣并非想同王轨结党，而是担心滥行诛杀，会使天下人失望。"元岩回答。

宣帝大怒，令宦官用手掌击元岩面颊。就这样，王轨终于被杀害，元岩也被罢官，逐回家中。远近无论与王轨相识与否的人，都为王轨的被害而悲痛流泪。

周宣帝还是太子的时候，上柱国尉迟运任宫正官，曾多次向他进行劝谏，不被采纳。尉迟运与王轨、宇文孝伯、宇文神举都曾受到周武帝的亲近和器重，太子曾怀疑他们一同诋毁自己。王轨被杀后，尉迟运感

057

第三章 暗结党羽，掌控朝纲

到恐惧，私下对宇文孝伯说："我们这些人一定难免于祸难，怎么办才好？"

"我如今堂上有年迈的老母，九泉之下又有尊敬的先帝，身为人子人臣，又有何处可去呢！况且献身侍奉国君，本应为名义殉节；进谏而不被采纳，怎能免遭一死。您若为自身考虑，应暂时远离京城。"宇文孝伯回答说。

于是尉迟运请求离京，出任秦州（今甘肃天水市）总管。

一日，周宣帝借着齐王宇文宪"谋反"的事责问宇文孝伯："您知道齐王谋反，为什么不禀报？"

"臣只知道齐王忠于国家，被一群小人以谗言加害。我当时出面劝谏，也不会被采纳，所以当时没有向圣上进言。况且先帝在世时曾嘱托微臣，唯有令臣辅导陛下，现在臣进谏而不从，实在是辜负先帝顾命嘱托，以此定罪，臣是心甘情愿的。"

宇文孝伯义正辞严的答对，使宣帝听后非常惭愧，低头不语，下令孝伯出宫，赐死于家中。

当时，宇文神举正在并州任刺史，宣帝派使臣到并州将神举毒死。尉迟运到了秦州，也忧郁而死。

579年，宣帝宇文赟将帝位传给太子宇文衍，大赦天下，改年号为"大象"，自称"天元皇帝"，所居宫殿称"天台"，头上所戴的冕为24旒，其他如所用车服旗鼓都超出先代帝王的一倍。皇帝的宫殿称正阳宫，设置纳言、御正、诸卫等官职，都准照"天台"的制度。尊皇太后杨丽华为天元皇太后。

天元皇帝传位给太子，越发骄奢淫逸，无所顾忌和畏惧，国家的礼仪和典章制度，也被随意变更。每当召见臣下时，他都自称为"天"，使用樽、彝、珪等青铜器进行饮食。下令群臣到天台朝见，必须事前斋戒三日，清洁身体一日。宇文赟把自己比作天，不许群臣在服饰上同自己有任何相同的地方，经常佩带独特的绶带，戴通天冠，外加金蝉装饰，发现侍卫近臣帽子上有金蝉以及王公身上系绶带，一律下令去掉。不许他人有"天"、"高"、"上"、"大"等称呼，官吏的名号中有上述称呼的也一律改掉，如改高氏为姜氏，改高祖为长祖。又禁止天下妇女施用粉黛。

"改革"大功告成，宣帝好不得意，天元皇帝召见大臣议事，只是些兴建宫殿或变革礼仪的想法，从不谈论治理国家的政事。他游乐无有常规，出入宫廷也没有节制，仪仗卫队随同他晨出夜归，苦不堪言。公卿以下的朝廷官员，经常遭受捶打，人人不得自安。

行军总管、杞公宇文亮是天元皇帝的从祖堂兄，儿子宇文温之妻是蜀公尉迟迥孙女，天生美色，在以宗妇身份入宫朝见天子时，被天元皇帝看中，请她饮酒并逼迫奸污了她。宇文亮回到豫州后谋划造反，事败被杀，宇文温也被株连处死。同时，天元皇帝召宇文温妻尉迟氏进宫，立为长贵妃。

他还是太子的时候，就因为按捺不住青春冲动，与籍没入宫且大他十余岁的婢女朱氏胡来，生下静帝，现在母以子贵，宣帝封她为天元帝后，又四下搜罗美女，先后又立了两位皇后。大象二年（580年）春，尉迟氏被迎入宫中，立为皇后。一时五位皇后并立，把后宫制度给搅得一塌糊涂。然后，他又让人制造五辆专车，载着五位皇后，自己率左右徒步随行，左顾右盼，花团锦簇，春光旖旎。

杨皇后温柔敦厚，自知管束不了夫君，也就听之任之，不管丈夫弄回几位皇后，她都一体友爱，有时见夫君日夜宣淫，精力不济，变得疯疯癫癫，喜怒无常，不免心疼，关心几句。不料，宣帝乘机发作，咆哮如雷，杨皇后面不改容。宣帝虐待成性，最喜欢人家向他磕头求饶，见到杨皇后竟然如此镇定，毫无惧色，不由得气急败坏，当即就要赐死，令其自裁。

宣帝的那群皇后，只有杨皇后身份最为高贵，既无须献媚取宠，也不惧怕宣帝，宣帝对此早就十分恼火。在他看来，杨皇后胆敢不屈，无非是仗着父亲杨坚为后盾。前些时候，杨坚已经表现出不同的政治主张，例如，宣帝要实行《刑经圣制》，杨坚却认为新法过于苛刻，极力劝谏，犯了大忌。

自有了宇文护的教训，北周皇帝都十分警惕再次出现权臣，宣帝做得最彻底。他一方面把武帝朝掌握实权的大臣尽加清除，同时命令宗室亲王各就封国赴任，以免留下隐患；另一方面则重用资历浅薄者，把权力全都集中到自己手里。即便如此，他还不放心，经常派人秘密察访，将朝臣的言行举止一一记录奏报，略不顺眼，辄加其罪，甚至对大臣鞭笞捶挞，每行体罚，起码就是一百二十下，号称"天杖"，几乎无人能够幸免。所以，当宣帝清除完先朝旧臣之后，自然就盯上了颇具实力的岳父大人。现在，他找到了借口，要通过教训杨皇后来收拾杨坚。

要处死皇后的消息，由宫中飞报到杨家，这种事杨坚不好出面，便由夫人独孤氏飞也似赶入宫中，见着女婿，磕头如捣蒜泥，血流满面，死命求饶，这才稍解宣帝的一腔怒气，免去皇后一死。

可是，这次没逮着杨坚，宣帝终不甘心。直觉上，他感到杨坚与自己格格不入，深不可测，因此，打定主意要除去这个心头之患。有一天，宣帝又和杨皇后生气，发怒道："必族灭尔家！"随即派人去召杨坚入宫，并吩咐左右，只要杨坚神色有异，立刻就将他砍了。杨坚来到宫中，举止合礼，神情自若，宣帝无由下手，只好再觅机会。

过去，杨坚长期受宇文护等当朝者猜忌，抑郁不得志，一直熬到三十八岁，才因为宣帝外戚的缘故而飞黄腾达，可谓大器晚成。然而，他认为自己只是得到早该获得的东西，所以并不感谢宣帝。相反，他从心底里看不起这位胆大胡为的女婿。宣帝滥杀忠良，搞得满朝文武惶惶不可终日，使武帝好不容易重新拢起的人心再度涣散，大家都在另谋出路，这给了自己绝好的机会，在这点上，杨坚还真得感谢他。

宣帝荒淫无度，恐怕寿命不长，杨坚算准了这点，对宣帝身后的形势作了极其冷静的分析，他对心腹宇文庆说道："天元实无积德，视其相貌，寿亦不长。加以法令繁苛，耽恣声色，以吾观之，殆将不久。又复诸侯微弱，各令就国，曾无深根固本之计，羽翮既剪，何能及远哉！尉迥贵戚，早著声望，国家有衅，必为乱阶。然智量庸浅，子弟轻佻，贪而少惠，终致亡灭。司马消难反覆之虏，亦非池内之物，变成俄顷，但轻薄无谋，未能为害，不过自窜江南耳。庸、蜀峻隘，易生艰阻，王谦愚蠢，素无筹略，担恐为人所误，不足为虞。"

这段话，如果不是洞悉朝廷权力人事关系并蓄谋篡权的人，是绝对说不出来的，而日后事态的发展，也和杨坚的分析吻合，可见杨坚已经认定自己的机会来到了。他曾与郭荣月下谈心，从容说道："吾仰观玄象，俯察人事，周历已尽，我其代之。"杨坚也确实以此为目标，积极展开活动，并在暗中招纳了不少党羽。

然而，眼下最大的障碍，在于宣帝虽然没有政治远见，不懂得积德树恩，却善于不择手段地铲除异己，只要谁的权势坐大，则必欲除之而后快。杨坚早就意识到在宣帝眼皮底下发展自己的势力并非易事，还不如出镇地方，更可进退自如。所以，自入京担任大司马时起，就多次请求外任，另谋发展。当时，其党羽李谔坚决反对，并给他分析了掌握中枢权力的重要性。杨坚恍然大悟，认识到堡垒必须从内部攻破，遂决意留在中央。这一决断固然是极其正确的，可现在的问题是宣帝已经盯上

第三章 暗结党羽，掌控朝纲

了他，使他不但不能再像以前那样从容不迫地积蓄力量，而且已经到了马上就有血光之灾的危急关头。这位浑身戾气的女婿，实在叫他又鄙视又心惊肉跳，翁婿已经成为你死我活的冤家对头。

大难临头，杨坚赶忙入宫，悄悄把宣帝面前的头号红人郑译拉到无人之处，拜托他千万帮忙，给找个外任职位，好保全性命。郑译十分爽快地应承了下来。

郑译来到宣帝面前，宣帝正在筹划对南朝用兵。自称天元皇帝固然十分风光，但是，天下尚未统一，宣帝仍感到意犹未足，特别是和武帝的平齐功业相比，更有相形见绌之感，大大损伤了他的虚荣心。郑译见机，从旁献策道："若定江东，自非懿戚重臣无以镇抚。可令随公行，且为寿阳总管以督军事。"宣帝正看杨坚不顺眼，但一时又想不出好办法发落他，听到郑译的话，顿时觉得此计一箭双雕，实在太妙了，便立刻准奏，任命杨坚为扬州（今安徽省寿县）总管，偕郑译发兵南征。

五月初四，杨坚接到任命，如逢大赦，一面奏请调其党羽庞晃同行，一面整理行装，准备离开这生死之地。说实在的，这次外任，固然躲得了眼前之灾，但前途却十分渺茫。这些年在京城里的惨淡经营，随着自己的出走或将付诸东流；以地方反抗中央是很难成功的；能不能逃脱宣帝的政治迫害还不得而知，更遑论将来能否重回京城执掌大权。而且，一旦中央出事，自己鞭长莫及，鹿死谁手不得而知。忧喜参半，心事重重，此番外任，恐怕不是龙归深渊，而是虎落平川。

杨坚自叹命蹇时乖，但他实在不愿意就这样认输出走。这时，他在宫内布置下的心腹或许带给了他什么消息，所以，杨坚突然改变了态度，自称有足疾，暂缓启程。他决定以闭门养病为由，韬光晦迹，在京城里拖一段时间，最后看看有没有转机，而这一切现在都只能交给命运了。

女婿归西，佞臣谋逆

大象二年（580年）五月初的一天夜里，宣帝一时兴起，想去天兴宫巡幸。以往，宣帝游乐毫无常规，出入宫廷也没有节制，晨出夜归，或者夜出晨归，而且每次都是人马喧腾，鞭声震野。此种荒诞不经的举动，已经不是什么稀罕的事了。

就在去年年底，宣帝突然想去洛阳，一有想法立即备车启程，令四位皇后伴驾前往，自己骑马飞奔，日驰三百里，见到哪位皇后落后，就挥鞭斥骂。后面跟着近千人的文武侍卫，人马受不了远程的颠簸，体力不支者苦不堪言，宣帝见了反而哈哈大笑，以此为乐。

这次夜里出行，是见怪不怪的事了，并没人进言阻劝。

到了隔天，宣帝就病倒了，左右侍从迅速把他送回宫中。没想到宣帝病情愈发严重，呈现出"龙驭归天"的征兆，宣帝意识到自己病入膏肓，命不久矣。

到了二十二日，宣帝在阳气尚存的最后时刻，下诏传赵、陈、越、代、滕五王立即入朝，准备托付后事。

二十四日，宣帝没有等到五王的到来。在弥留人世的最后时刻，只宣召御正中大夫颜之仪和小御正刘昉入内。他伸出由于纵欲过度而变得干枯的手，转动着满含期待的模糊泪眼，有气无力地向二人拱手托付，一定要好好照顾年幼的静帝。临死之前，他终于意识到留给幼子的是一副"乱摊子"，他无法预料大臣们将怎样对待还不懂事的儿子和宇文家的江山。

大象二年（公元580年）五月乙未日，天元皇帝宇文赟驾崩，时年二十二岁，只做了两年皇帝，便因荒淫无度而短命死去。

宣帝预料得没错，还没等他咽气，刘昉就合计上了：宣帝过世，新帝幼小，是无论如何也没有能力驾驭北周这条驶在惊涛骇浪中的破船的。再说，一朝天子一朝臣，必然又是一场重新争夺权力的较量。等到朝廷换届了，不管是谁掌权，首先拿先皇的"大红人"开刀，而且，越是在前朝吃得开的人，这跟头栽得就越重。刘昉自知，一旦新君即位，作为先帝的心腹必定吃不到好果子。

如何才能保住现有的权位，或者再进一步飞黄腾达呢？得了，干脆"造"出一个主事的，让自家同伙辅政，到时候自己也能分一杯羹。刘昉和郑译不约而同地想到一个人——杨坚。

一来，杨坚是国丈，是皇亲国戚，四辅之首；二来，杨坚是两人太学时期的老同学，信得过。

我们现在分别说说郑译和刘昉这两个人。二人都是世家子弟出身，祖祖辈辈都是高官，受了父辈的荫护，他们才有机会长期立足于朝廷。

刘昉生性狡诈，没什么才学，却三教九流，无所不识，吹拉弹唱，无有不会。宣帝在东宫当太子的时候，他在太子身边当"陪读"。宣帝即位后，他成了宣帝的宠儿，每天穿梭于皇宫内外，把宣帝哄得乐颠颠的。刘昉一路飙升，一个无赖最后竟然做到大都督、小御正等官位，与御正中大夫颜之仪一起主持宫廷内务。

郑译的情况也是类似。此人的爷爷、父亲都做过北魏、西魏太常、司空一级的大官。郑译本人学识不错，擅长音律，写得一手好字，又是一名优秀的骑手。这么多优点，如果人品再好点，那绝对是个人才。可

谋登大宝

隋朝开国奇谋

是，此人唯一不具备的就是道德，一肚子全是坏水，是一个有才无德的坏人兼小人。早前曾在宫中撺掇还是太子的宣帝欢歌狎饮，被武帝一撸到底，让他卷铺盖回家了。后来，郑译竟胆子大到把修建皇宫的木材运回自己家盖房子。武帝一闭眼，宣帝立即把这位"志同道合"、臭味相投的"知己"召回宫中，委以朝政。

历经两朝，郑译的恶习丝毫没有收敛，这次重新得以重用，无非是进宫给宣帝陪吃、陪喝、陪玩。除此，充其量就是再当当皇帝的眼线，暗中调查一下谁说皇上的坏话了，哪位大臣的脾气又长了，之后，君臣再合计着如何把此人给灭了。

总之，刘、郑两人没什么真正的本事，对宣帝能瞒就瞒，能骗就骗，整日里帮着宣帝清除身边的绊脚石。于是，这两个以整人发迹的政治暴发户成了宣帝心中的红人。

临危受命，制服诸王

宣帝死后，刘昉、郑译经过商议，马上派人去请杨坚。

杨坚不知道发生了什么事，以往只要传令进宫，不是被批评，就是被训斥，每每都攸关自己的性命。这次也是一样，见到有人请自己进宫，心提到嗓子眼儿，无奈君命难违，只好硬着头皮跟着传令官进宫。

在宫中永巷东门碰巧遇到术士来和，心怀忐忑的杨坚如同遇到救星，连忙问："我这次有没有灾祸？"

或许来和预先知道皇帝已经不行了，喜滋滋地对杨坚拱手道："恭喜随公，这次天命属于您了。"

杨坚这才把悬着的心放下来。

来到宫内，郑译和刘昉把商议的结果向杨坚和盘托出，杨坚一时间没反应过来，这是真的吗？

杨坚还是不相信天上会无缘无故地掉馅饼，把头摇得像拨浪鼓儿一样，谦让上了。刘昉急得嗓子眼儿快要冒火了，没时间与他推诿，一拍大腿站起来说："随公，您想干就赶快答应，如果不答应，我们自己干。"

御史大夫柳裘也在一旁劝道："机不可失，时不再来，随公，既然事情已经到了这个地步，您就答应吧，这是天意呀。"

话说到这份上，杨坚才相信这不是一场骗局，半推半就算是答应下来，心里却暗喜："踏破铁鞋无觅处，得来全不费工夫。"

郑译和刘昉封锁了宣帝死亡的消息，立即颁诏下令杨坚入朝辅政，掌管朝廷内外大事。同受宣帝遗命的颜之仪一看就知道诏书是假的，死活不签字，颜之仪是大学者颜之推的弟弟，忠于皇室，他义正辞严地说："皇上升天，嗣帝年幼，辅政应该由宗室精英担任。如今贵戚之内，数赵王最长，德高望重，应该召回辅佐幼帝。你们这帮人受国家之恩，不思报国尽忠，却将权柄让外人掌管。之仪誓死忠于王室，不能对不起先帝。"

颜之仪在即将政变的节骨眼儿上，派心腹火速召大将军宇文仲入官辅政。郑译得知消息，飞也似地通知杨坚，并带着杨坚的堂侄杨雄（即杨惠）、刘昉、皇甫绩和柳裘等人冲入大殿。这时候，宇文仲已经抢先一步，已经到达了大殿，正要奔向皇帝的宝座，郑译等人令人抓住宇文仲就绑了起来。之后，刘、郑代颜之仪署名，将诏书发出，杨坚辅政。杨坚向颜之仪索要天子之玺和兵符，颜之仪愤而拒绝。

杨坚本想杀死颜之仪，但虑及政局未稳，加之颜之仪在民间的威望，只好将其派往西部边郡当郡守。控制了朝廷，杨坚等人才公布宣帝驾崩的消息。皇帝年纪轻轻的就这么归天了，很多人为之惊悼，但更多的人在私下里当趣事一样奔走相告，甚至额手相庆。

在这场政局的变动中，宣帝的皇后杨丽华功不可没。宣帝虽然有五位皇后，但杨丽华毕竟是主宰后宫的正宫娘娘，国难当头，她自然成了后宫的主心骨。在重大局势变化之际，她毅然决然地站在了父亲这边。

史书对此事语焉不详，《隋书》是这样说的："宣帝崩，杨后令其父随公为大丞相，总军国事。"作为后宫主宰的杨丽华，以为静帝年岁幼小，她担心朝政大权落于其他皇族之手，因此，亲自下命令委任了父亲的职务。杨坚在追忆这段往事时大为感慨："公主有大功于我。"

杨坚通过宫廷政变掌握了国家政权，为了笼络人心，杨坚以新帝名义下诏大赦天下。接着，尊杨皇后为皇太后，静帝生母为帝太后，另外三位皇后皆以姿色进宫，一律削发为尼，到寺院终老。

政变成功后，杨坚、刘昉、郑译开始瓜分权力了。刘、郑二人打算让杨坚当大冢宰，郑译当大司马，刘昉当小冢宰。大冢宰虽然地位高，但是个虚职，没有实权。而大司马掌握军队，小冢宰管理司法，后两者虽然比前者地位低，却是具有实权的肥差。刘、郑二人意图很明确，自己把国家的军政大权牢牢把握住，把杨坚架空。

杨坚一时不知如何处理是好，便私下找御正下大夫李德林商议。

深谙政治规则的李德林忙说："随公万万不可就任大冢宰，这样的安排，早晚对你是不利的。"

杨坚拱手向李德林请教。

李德林精心为杨坚设计了这样一套任命方案："随公您应该为大丞相、假黄钺、都督内外诸军事。"

"大丞相"可以向朝廷内外所有官员发号施令；"假黄钺"则持有

皇帝发放号令的专用黄金大斧，想杀谁就杀谁；"都督内外诸军事"相当于全国各军区总司令、最高长官，节制全部武装部队。

于是，杨坚位列一人之下，万人之上。之后，安排郑译为丞相府长史、刘昉为丞相府军司马。刘昉、郑译有些傻眼，他们冒险将杨坚隆重推出，谁料尘埃未定，自己倒先成了人家的下属，这绝对不是刘、郑二人所要的结果。

毕竟杨坚是刘、郑推出来的，杨坚为了稳住二人，给予他们巨额赏赐，两人才不得不接受眼前的现实。

杨坚又单独以诏书的形式把汉王宇文赞（宣帝的弟弟）安排到右大丞相的位子上，居于大臣首位，高于自己。这是一个没有实权的官职，是杨坚为安抚皇族贵戚而实施的"障眼法"。

汉王宇文赞从小养尊处优，长大后只知道声色犬马，当时还不到二十岁，没有什么政治头脑。杨坚把他抬出来，是以防别人说闲话。谁知宇文赞竟不知天高地厚地坐到静帝的龙椅旁，比比画画告诉小皇帝如何如何，杨坚没想到宇文赞成了自己辅政的一大障碍。

对于这种头脑简单只知荒淫享乐的人，同是纨绔子弟出身的刘昉自有对付的好办法。他找来几个美女送到相府，宇文赞好色，一下子就被美女把魂勾走了。

刘昉乘机说："大王，您是先帝的亲弟弟，众望所归。幼帝还不懂事，现在先帝刚逝，人心惶惶，如果大王整日随皇上同进同出，恐怕有挟持幼主的嫌疑。等事情消停下来，我们把您迎入宫中，拥戴为天子。现在，您不如静候佳音。"

几句美言，就把这位毫无头脑的傻小子哄得心花怒放，宇文赞左拥右抱，带着几个美人儿回家等好消息去了。

当宇文赞傻呵呵地在家等信当皇帝的时候，杨坚觉得还有一些劲敌不好对付。那就是赵、陈、越、代、滕五王。这五位王爷都是宇文泰的儿子、宣帝的叔叔，他们都曾在武帝时期立下了赫赫功劳。当初，宣帝怕叔叔们惹麻烦，一即位就把他们排挤出朝廷，到地方为王。宣帝弥留之际，身边没什么近亲，出现皇室人员枯竭的现象，这才想把他们从各封地召回。

不料，遗诏没有发出去。

杨坚封锁了皇帝的死讯，而是用宣帝的名义下诏宣布将赵王宇文招的女儿嫁给北方的突厥人去和亲，火速令各位王爷回京送这位姑娘。在外的诸位王爷接到诏书，立即赶往京城。

五王的封地，除了滕国在河南新野外，都在原北齐境内，离京城长安都比较远，直到六月四日，也就是宣帝离开人世十天后才赶到京城。这时，杨坚已经辅政，五王无疑是凶多吉少。

五王一进京，对杨坚窃政恨得牙根直痒痒。这几位王爷政治经验比较丰富，和另外一位王爷宇文贤，即明帝的长子，密谋联系外藩将领起兵，准备杀死杨坚，夺回旁落的皇权。

没想到，事情败露，因为五王的身边早已被杨坚安插一些探子，一举一动自然逃不过背后那一双鹰鹫般的眼睛。六月十日，杨坚以谋害执政罪，诛杀毕王宇文贤及其三个儿子。杀鸡骇猴，其实是做给五王看的。杨坚明知这次密谋和五王脱不了干系，却故意不予触动。接着，杨坚把年幼的秦王宇文贽安排在大冢宰的位置上，取代那位回家等信的宇文赞。杨坚这么做，主要是不想让人看出自己的野心。

杨坚觉得，眼下最不好对付的就是五王，必须先稳住五王的阵脚再做下一步打算。

七月十六日，杨坚以静帝的名义下诏，五王入朝可以不行跪拜礼，也可以佩戴宝剑上殿，让五王放松警惕。

然而，五王与毕王宇文贤密谋造反被杨坚得知，现在杨坚只杀毕王宇文贤，而不追究五王，甚至给五王优厚待遇，显然是醉翁之意不在酒。

没过多久，赵王宇文招大摆"鸿门宴"，伺机杀死杨坚。

王爷的面子不能扫，杨坚赴宴，自带酒水以防对方下毒。待杨坚行至赵王府门前，宇文招率家人早在大门外迎候了。两人见面，自然免不了一番寒暄，热情洋溢的场景让不知内情的人看了颇受感动。岂不知，在热情洋溢的背后，双方都各怀心事。

宇文招在卧室里摆了一桌子丰盛的酒席，命儿子宇文员、宇文贯及自己的小舅子鲁封身带佩刀，立于左右。并在房间埋伏了很多杀手，只等时机一到，将杨坚就地处决。

杨坚虽然贵为丞相，但还是大臣，按照礼数，大臣拜见皇室，是不能携带兵器和士兵的，杨坚只好带了堂弟杨宏和亲信元冑两人以防不测。

宇文招一看杨坚早有防备，便让杨宏和元冑留在外面，只允许杨坚一人入内。

时值盛夏，天气暑热。一顿畅饮之后，宇文招表现出暑热难忍的样子，吩咐左右拿些西瓜解暑。

仆人搬上来一个油光滑亮的大西瓜，宇文招忿然作色："这些废物，怎么不给我们切开呢，还得劳烦本王亲自动手。"

宇文招亲自拿佩刀切瓜，切好后递到杨坚嘴边，请他品尝。

这种吃法是鲜卑族的风俗，瓜又是王爷递过来的，杨坚不好拒绝，只好接过瓜吃了。二人递瓜、接瓜进行了好几个来回。宇文招一看时机已到，准备再递瓜的时候，将刀顺势刺向杨坚的心窝。

这不是"项庄舞剑，意在沛公"吗！站在门外的元冑发觉情况不妙，径直闯进卧室大喊一声："相府有事，丞相该回去了。"

宇文招正欲把刀捅向杨坚，结果被元胄一喊吓得赶紧缩了回去，脸色骤变，斥责元胄："本王难得和丞相一聚，好好的饭局被你搅了。"

宇文招的武士们也跟着呵斥："退下，退下。"

元胄怒发冲冠，眼如铜铃，气势汹汹地站在那里一动不动，手按住刀鞘，随时都有抽刀的可能。

宇文招被这气势镇住了，只好装作和气地说："将军不要多虑，本王只是和丞相喝一杯而已，并无他意。"

宇文招知道自己的计谋被元胄识破，又装作醉酒要吐的样子，起身准备进入后阁，以便让埋伏的杀手赶紧下手。机警的元胄怕宇文招一走就会有刽子手围上来，自己同杨宏在厮杀中保护杨坚是不容易的，所以，他一把按住宇文招说："既然暑热，就不必再饮了。况且丞相府内还有公务要办，不如就此散席吧。"

宇文招没什么力气，想站起逃脱，几次都未遂。宇文招只想支走元胄，好早点对杨坚下手，又生一计，说自己喝多了嘴干，让元胄去厨房倒点水解渴。元胄一看又是计谋，硬是不动，宇文招无计可施。

杨坚见此，不知如何应付。恰巧，外面有人高声禀报："滕王到。"杨坚离座迎候滕王。趁此，元胄放开宇文招，跟在杨坚后面，悄声说："丞相，今日酒宴情势不妙，咱们赶紧脱身。"

杨坚何尝不想离开，可新来的滕王拉住杨坚不放，非得要和他再喝几杯。杨坚无奈，只好回屋重新落座。

就在杨坚和滕王寒暄的时候，宇文招已经示意杀手准备出刀，元胄听见后阁传来叮当作响的刀剑声，觉得大事不好，不顾礼数，赶紧冲向酒席，拉起杨坚便走："丞相府事情太忙，赶紧回去吧。"

宇文招无可奈何，又不想失去杀死杨坚的机会，就大踏步地追上杨坚，准备来个措手不及，将刀插进杨坚的后心，元胄以身体挡住宇文招，说："大王别客气，不用送了，我们改日再来。"

宇文招急得不知所措，恨只恨自己一时的优柔寡断，白白地让精心布置的"鸿门宴"流产了。

杨坚从宇文招的刀下死里逃生，倒吸着冷气跑回了丞相府。

回去后，杨坚以谋反罪，于七月二十八日诛杀赵王宇文招和越王宇文胜及其家属，五王除去了两王。次日，加封其他三王，给予极高的优待。按道理，三王应该感谢杨坚的不杀之恩，但三王却打心眼儿里感谢不起来，他们明白，下一步，杨坚该收拾自己了。

接下来，三王多次寻找机会刺杀杨坚。多亏杨坚身边的大将、都督李圆通经常从中保护，杨坚才得以幸免。杨坚在清除北周皇族的时候，地方上爆发了尉迟迥等三方叛乱，杨坚有条不紊地应对内外危机。

入冬以来，随着外局渐渐稳定下来，杨坚腾出手来开始收拾余下的绊脚石了，先后于十月十日和十二月二十日，以同样的罪名诛杀了剩下

建于隋朝的四门塔

的三王。

五王做梦也没想到，在短短的时间内，就都稀里糊涂地成了杨坚案板上的鱼肉。他们到死也没看清楚，周室嬗变，再怎么挣扎也无力回天了。

至此，宇文家族的势力基本被铲除，杨坚控制了京师，离登上皇位的距离越来越近了。

第三章

暗结党羽，掌控朝纲

第四章
伺机逼宫，受禅登基

通过宫廷政变上台的杨坚，当务之急就是要牢牢地控制京师，挟天子以令诸侯，为自己的改朝换代搭好桥梁。要想控制京师，就必须完全掌握国家的一切，组建忠诚于自己的队伍，清除异己分子，镇压反抗势力。

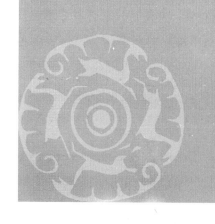

朝堂换血，巩固势力

刘昉、郑译虽然将自己推向政坛高峰，但此类人毫无是非观念，是见风使舵的无耻小人，不可能有能力帮助杨坚进行下一步的计划。

杨坚决定拉拢一些德高望重的元老加入新的领导层，利用其声威帮助自己尽快实现皇权之梦。杨坚做梦也想不到，能争取到举足轻重的李穆和于翼两大家族。

李穆是西魏十二大将军李远的胞弟。宇文护专权的时候，李远之子李植曾和孝闵帝密谋除掉宇文护，不料事情败露，李远父子惨遭杀害。李穆受到牵连，被宇文护革职为民。

这一剧变，给李穆造成了很深的伤害，破坏了他和宇文家族的感情。宇文护死后，武帝收回皇权，李穆复职。李穆曾和杨忠一起并肩作战，在血与火的战场上，李、杨两家结下了生死情谊。

后来，李穆官拜太保，任山西并州总管。并州乃兵家必争之要地，天下精兵多集中于此。李氏一族乃并州一带的名门望族，深得百姓爱戴，加之李穆家族在朝中为官者有几十人之多，如果把李穆这样一位重量级人物争取过来，将影响整个关中地区其他望族的政治意向。

杨坚一辅政，就派心腹柳裘向李穆说明利害。李穆思前想后，最后打算支持杨坚。李穆的儿子李士荣反对，劝道："父亲，凭咱们家的实力，想打败杨坚是轻而易举的事情，干嘛要力挺杨坚呢？"

李穆自然明白杨坚接下来要干什么，几十年的政治经验告诉自己：杨坚辅政之后，肯定要改朝换代。目前最大的问题是，自己要不要支持杨坚改朝换代？

正当李穆思前想后的时候，李穆之子李浑乘快马赶往并州，传达杨坚的至诚之意。大凡久居政治圈子里的人物，都能参透杨坚辅政的奥妙，他们可以从细微之处，预测时事的走向。况且，李穆也料定北周气数将尽，加之自己又经历过一段被宇文护迫害的伤心往事，何必为行将就木的北周殉葬呢？

李穆当即决定——支持杨坚，他派李浑带着熨斗赶回京城面见杨坚，表明自己的心意："愿随公手执权柄，熨平天下。"

同时，李穆又呈送杨坚"十三环金带"，即系有十三个金环的腰带，意思是，支持改朝换代。

李穆苦口婆心说服持反对意见的儿子李士荣："儿啊，北周衰亡了，这是人所共知的事。天命如此，我们不要再为没有希望的王朝效忠了。"

李穆在家族中的威望，使得子侄们不得不听从于他。起初，他的侄子李崇打算和尉迟迥一道对抗杨坚，后来，李穆的态度影响了他，李崇无奈地发出了一声感慨："哎，国难当头，竟不能匡扶皇室，我有何面目活于天地间呢。"

叹息也好，不服也罢，李氏一族最后还是顺从了李穆这个大家长的决定，毅然决然地投入到了镇压尉迟迥的叛乱中，并立下大功。

接下来，于翼一族的支持也是必然的了。

于翼出身于"胡人"世家，其先祖是北魏的开国元勋。北魏末年，其父于谨力排众议，帮助宇文泰奠定关中政权，后被封为八大柱国之一。宇文泰死后，于谨又在朝堂上泪光盈盈地回顾宇文泰是如何如何的善待僚属，公开支持宇文家族建立北周。从某种角度上可以说，北周的建立，是他一手促成的。于氏子孙都是北周的大官，僚属遍布朝野。

树大招风，于谨虽有恩于北周王朝，但次子于翼还是被宇文护挤出了朝廷，三子于义也因直言敢谏差点被宣帝杀掉，于氏一族对北周也是寒了心了。

杨坚一辅政，自然争取于家，加封于谨的长子于宜为上柱国，进入四辅官之列。

对于杨坚的知遇之恩，于家甚为感动，发誓永远追随杨坚。

尉迟迥叛变，于家长孙于仲文任东郡（今河南省滑县）太守，尉迟迥施以高官厚禄作为诱饵，劝于仲文归降，于仲文丝毫不为所动。

软的不行，尉迟迥凶相毕露，对于家大开杀戒。于仲文的三子一女被害，于仲文这个铁骨铮铮的汉子，誓死不投降，只身逃回长安。杨坚听说后，感动得涕泪横流，晋升他为河南方面行军总管（作战总司令），派他到洛阳发兵讨伐尉迟迥。

自此，于家深得杨坚厚爱，自于翼以下，一共出了官位一级的上柱国五人、大将军十几人，一时间，于家荣宠备至。

杨坚成功地将天下两大望族李家和于家争取过来，朝中文武百官纷纷效仿，都举起了支持杨坚的大旗。

杨坚这边，也在积极地准备着。

首先，革除宣帝时期的暴政。宣帝残忍暴虐，在位时颁布了一部严酷刑法——《刑经圣制》，专门整治那些不听话或者看似不听话的大臣。宣帝估摸大臣谁有贰心，就把谁叫到跟前施以"天杖"，搞得人人每日里心惊肉跳，各求明哲保身。杨坚辅政后，重新颁布了新手删定的刑典《刑书要制》，废除了很多残忍的法律法规，这部法典比宣帝时期的《刑经圣制》要温和多了，一颁布，立刻赢得一片好评。

其次，提高佛教和道教的地位。南北朝时期，宗教流行，周武帝动用政治手段禁止佛、道二教，得罪了北周一些信佛的大臣。同样是信佛的杨坚考虑到了天下佛教徒的不满，就顺应民意提高了佛教和道教的地位。

再次，改回汉姓，让汉族人彻底翻身。西晋灭亡以来的近三个世纪，北方几乎都是少数民族掌握政权，汉人一直被歧视，连姓氏都被认为是耻辱的，甚至被随意改来改去。杨坚辅政后，亲自带头改回汉姓，告别了用了三十几年的"普六茹坚"这个名字，并下令全国恢复自己的姓氏，不要有顾虑。至于语言、风俗，完全恢复到汉民族传统上来。这些做法深得民心，不仅遏制了长达半个多世纪的鲜卑化趋势，而且也让杨坚在朝野上获得了认可。汉族百姓泪眼汪汪，奔走相告，互相传颂着杨坚的英明举措。

当然，要想顺利改朝换代，还要建立一支属于自己的僚属队伍。作为政治家的杨坚，在人事关系上有足够的魄力，同时也深谙官场规则。他认为，必须拥有自己的亲信。

杨坚把目光投向了和宗室没有血缘关系而又有真才实学的政治新秀，如名满天下的文人才子李德林、具有军事才能的高颎。

李德林在关键时期多次帮助过杨坚。由于李德林的聪明才智，最初被任命为府属，即丞相府秘书。

高颎是杨坚所器重的另外一位人才。由于高颎智能超群，杨坚把他作为人才引进到丞相府工作。确实，高颎为大隋王朝的建立和发展立下汗马功劳，称为大隋王朝的"真宰相"。

杨坚把堂弟杨弘安排在自己身边当心腹；让姐夫窦荣定镇守天台，负责管理大内；妹夫李礼成为上大将军、司武上大夫；家将李圆通、弘农氏杨汪、卢贲等人皆为贴身侍卫；岳父独孤信旧部独孤楷为督军；北魏宗室元胄兄弟也安排在自己身边任要职。

第四章 伺机逼宫，受禅登基

由此，"大换血"成功，一切都在按照预先设想的进行着，甚至比设想的还顺利，改朝换代只是一个时间的问题了。

三方起兵，镇压叛乱

许多将领，尤其是北周皇室对杨坚的独揽大权愤愤不平。

首先，尉迟迥、宇文胄等人起兵反抗杨坚，想归国家大政于宇文家族。看来一场血雨腥风的大战不可避免。

此时，国家基本稳定下来，该杀的差不多杀光了，该争取的基本都争取过来了，杨坚志在必得，开始从容地对付地方上的叛乱了。

首先镇压相州（今河北临漳县邺镇东）总管尉迟迥的反叛。

尉迟迥与北周皇室之间有着割舍不断的联系，他的母亲是宇文泰的姐姐，按照这层亲戚关系，宇文泰是尉迟迥的亲娘舅。同时，尉迟迥的妻子是宇文泰的女儿，他也是宇文泰的女婿，和北周皇室亲上加亲。在西魏大统十五年（549年），尉迟迥就已升任尚书左仆射，次年拜为大将军。

另外，尉迟迥有个孙女，颇有姿色，嫁给杞国公宇文亮的儿子西阳公宇文温为妻。后来被宣帝看中，收为第五位皇后，夫家蒙羞咽不下这口气，起兵造反，结果落得个全家被杀的下场。尉迟迥对这事不以为耻反以为荣，经常炫耀："啧啧，我孙女婿是皇帝，我孙女是皇后。"

自此，尉迟迥官位一路飙升，荣升四辅之首的大前疑，兼任相州总管，出镇山西。他的兄弟子侄多被封官进爵，无论是朝堂还是地方，遍布着尉迟家族的支支脉脉。

杨坚窃政，尉迟迥当然气愤。如今杨坚已经骑到自己的头上，尉迟迥心理严重失衡，干脆一不做二不休，铤而走险，率领大军向杨坚发难。

杨坚的眼线早就探听到尉迟迥的不臣之心，宣帝去世的时候，宫廷部会计司长杨尚希和尉迟迥在山东一带发布皇帝死讯。杨尚希出来后，觉得事情不妙，对左右亲信说："先帝驾崩，尉迟迥哭的时候眼珠子乱转，这说明他哭得不够真，也不够专心，哭声中没有悲哀，看来是要造反哪。我们如果不走，恐怕大祸临头。"杨尚希连夜抄小路赶回长安，把这一情况汇报给杨坚。

杨坚先下手为强，在大象元年（579年）五月二十七日，撤了尉迟迥相州总管的职务，让年逾古稀的老将军韦孝宽接替他。尉迟迥气得肺都炸了，更没想到的是，杨坚派来传旨的候正破六韩裒，竟联合自己的部下相州总管府长史（军区司令部秘书长）晋昶做内应。

尉迟迥得到密报后，立即处死破六韩裒和晋昶两人，并于六月十日召集文武官员及各界人士，登上北门城楼宣布："杨坚本为庸才，只是借着他是皇太后老爹的权势，挟持幼主，作威作福，把北周王朝推进了万劫不复的深渊，他这是想篡位啊，这一点，连路人都看得清清楚楚。我和宇文家族血脉相连，宇文泰是我的舅父，我要与北周王朝同生死共命运。本来先帝把我安置在这里，就是要我担负起保卫国家的重任的。今天特召集各路英雄，救国救民。一旦成功了可以共享天下，失败了可以成为忠义之士。各位意下如何？"

由于山东地区原属于北齐，刚被北周征服不久，那些原北齐的官员大都在家无所事事，心中自然愤愤难平。尉迟迥重新启用他们，让他们终于感受到了的温暖。

尉迟迥自称大总管，行使皇帝职权，设立临时中央政府。当时，赵王宇文招已被杨坚召回京，留下小儿子在河北邢台的封地内，恰好封国归相州军区管辖，尉迟迥尊宇文招之子为帝，以其名义号令军民，准备一举攻下京城，肃清乱臣，整顿朝纲。

七月，反对杨坚的呼声一浪接着一浪，一场大战正在酝酿。尉迟迥积聚了近十万的精兵，此外荥州（今河南省荥阳市西北）刺史邵国公宇文胄、申州（今河南省信阳市）刺史李惠、东楚州（今江苏省宿迁市东南）刺史费也利进国、东潼州（今安徽省泗县）刺史曹孝达等都各自据有本州，支持尉迟迥反杨。一时间，尉迟迥拥有兵卒数十万人。

尉迟迥信心高涨，发誓就是拼了这条老命也要保住北周王朝。一时间，北起河北冀州，南至安徽泗县，广阔无垠的山东大地都举起了反杨坚的大旗，对尉迟迥唯命是从。不仅如此，尉迟迥还勾结北齐残余势力高绍义联系突厥，以获得支持；甚至把自己的儿子当人质，答应割让江淮之地，向南方陈朝借兵。

事态的发展越来越严重。有些地方首脑看不清形势，搞不清加入哪个阵营对自己更有利，一部分人毅然倾向尉迟迥，走上了与杨坚对抗的道路。其中两个关键人物不可不提。一个是郧州（今湖北省安陆市）总管司马消难，他于七月二十五日在其管辖的九州八镇发动叛乱，和陈朝结盟。另外一个是益州总管王谦，他于八月七日率领其管辖的十八州起兵。

司马消难的家世比较显赫，父亲司马子如是北齐的开国元勋，位至尚书令。他本人为高欢的女婿，官至驸马都尉、光禄卿，出镇北豫州（今河南省荥阳市西北汜水镇）。

司马消难虽娶了皇帝的女儿，时间一长就觉得腻歪了，经常出去干些拈花惹草的事，绯闻不断。世上没有不透风的墙，此种劣迹很快传到了公主的耳朵里。司马消难无疑是捅了马蜂窝，要知道，他对不起的人可是一朝公主啊！有了皇帝老爸的撑腰，公主恨恨地说："走着瞧，难道我堂

谋登大宝

隋朝开国奇谋

堂公主，连个爷们儿都摆不平吗！"于是就每天和他闹——砸东西、辱骂、在皇帝面前说丈夫的坏话……把家庭的内部矛盾上升到朝堂之上。

有此悍妻，司马消难越来越吃不消。同时，司马消难这人还非常爱钱，明码标价收受贿赂，细大不捐，以至于获得了不菲的"灰色收入"，朝中大臣都知道此事，有的实在看不过，就弹劾他一下。

家里夫妻失和，在外遭人弹劾，司马消难日子过得不是那么舒心。

齐文宣帝末年，由于皇帝疑心太重，打压权臣，司马消难也成了被排挤的对象，"灰色收入"也花得差不多了，他感觉很难在北齐混下去，转而投降北周，将女儿献给静帝，成为小皇帝的岳父，转眼之间，从北齐皇帝的女婿"转行"为北周皇帝的岳父。照样是皇亲国戚，进位大后丞，以外戚身份出任郧州总管。

王谦的情况与尉迟和司马两家不同，他是北周功臣王雄之子，为人宽厚，毫无心机。此人虽无军功，却因父亲的功勋，荫及全家。王谦觉得自己的官位是靠父辈用生命为朝廷打江山挣来的。由于王家和北周皇室没有姻亲关系，故和北周的感情也不是很深厚。

杨坚辅政，王谦对形势看得一清二楚。有心支持杨坚吧，但王家的荣耀是北周朝廷给的。到底是忠义之辈，这个念头一出现，王谦就有一种罪恶感，深深自责："如果背叛宇文家族，我们王家岂不成了忘恩负义的小人？"情感战胜了理智，王谦为报答皇恩公开反对杨坚。

就这样，尉迟迥、司马消难、王谦三方打起了反杨坚的大旗，打出的口号是救助皇室。但是，这三个人根本不把皇室和百姓的利益放在眼里，都想趁机大捞好处。

在和反叛部队的对峙中，杨坚在山东各州府的人事安排上做了很大的调整，安排了一批自己的亲信：任命李穆为并州总管，任命李穆的侄子李崇为怀州刺史，老同学王谊为郑州总管，姐夫窦荣定为洛州总管；

华阳人杨素与杨坚交情甚笃，被任命为徐州总管；韩擒虎经高颎举荐，任和州刺史，于翼任幽州总管。

经过这一系列的人事安排，杨坚辅以精密的部署，各路大军奔赴前线。

这种布局，北可以抵御突厥南下，南可以防御陈朝北进，形成了由北、西、南三个方向对山东、河北的包围态势。

六月十日，令徐州总管韦孝宽为行军元帅，讨伐尉迟迥；

六月二十六日，任命老将梁睿为益州总管，取代王谦。王谦不服，梁睿讨伐之。

七月十六日，命令杨素讨伐宇文胄。

二十五日，令王谊为行军元帅，讨伐司马消难。又令韦世康为绛州（今山西省闻喜县东北）刺史，死守关中。

这种战略布局，在兵法上叫做"各个击破"。各路大军，旗幡齐整，斗志昂扬。由于计划是在很短的时间内制定并付诸行动的，没等尉迟迥回过神来，杨坚的大队人马已一齐进发。

远在千里之外的尉迟迥其实也没闲着，他也积极地派心腹探听着各路消息，但绝对没想到杨坚部署这么快，弄得自己连喘息的机会都没有。

在各路讨伐大军中，韦孝宽所统领的主力部队至关重要。这支主力部队汇集了梁士彦、元谐、宇文忻、宇文述、崔弘度、杨素、李询等名将。

韦孝宽时年七十二岁，是北周最杰出的军事将领，出身于长安的汉人名门，熟读兵法，料事如神。早年被杨侃所器重，将自己的爱女嫁给他，后来又在独孤信手下效力，屡立战功。尤其是在统一北方的战争中，更是大显身手。大约在此时，韦孝宽因为和独孤信的关系，和杨家结下生死情谊。

在这之前，韦孝宽早有威名。如在大统十二年（546年），高欢率领大军，来势凶猛，企图一举歼灭宇文泰，从而占据关中之地。可是，大军在重镇玉璧（今山西省稷山县西南）被韦孝宽所阻击。高欢气急败坏，率领精兵猛攻六十余日也没把对方拿下，伤亡惨重，无奈退兵。最后，高欢急火攻心，带着遗憾离开人世。

韦孝宽最杰出的贡献就是向周武帝进献了"平齐三策"，武帝根据其方略，一举消灭北齐，统一了北方，韦孝宽因此威名远扬。

如今，像尉迟迥这么大规模的叛乱，杨坚觉得非韦孝宽不可。

早在五月底，杨坚听说尉迟迥有反心，但无真凭实据，就命韦孝宽去相州接替尉迟迥的总管职务。尉迟迥是否情愿交出手中的权力，韦孝宽心里实在没底，多次派探子前去打听虚实。当他走到朝歌（今河北省淇县）时，遇到尉迟迥派来迎接自己的大都督贺兰贵。睿智的韦孝宽留下贺兰贵，与之倾心交谈，想从谈话中发现尉迟迥叛变的蛛丝马迹。

果不其然，韦孝宽探听到尉迟迥已经开始在作战前的准备了，心想，如果去了相州，必定是死路一条。韦孝宽急中生智，装起病来，说自己年老体迈，禁不起远途的跋涉累病了，实在没法上路。又派人前往相州请医生、配药方，减缓前进速度，拖延时间，暗中观察尉迟迥的行动。

韦孝宽一行人慢慢腾腾地来到汤阴（今河南省汤阴县），眼看离相州不远。尉迟迥表面上装出若无其事的样子，还故意派韦艺早早在此迎接，打算诱敌深入，扣为人质。韦艺是韦孝宽的侄子，和尉迟迥是死党，不肯将相州的实情告诉老叔。

韦孝宽非常气愤，令士卒将韦艺斩首，其实也就想吓唬吓唬侄子，韦艺害怕，这才把尉迟迥的密谋如实相告。

韦孝宽确定尉迟迥造反的事实，立即放弃了去相州的安排，带着韦艺，急忙向西撤退，一路破坏桥梁，命人征收各驿站的所有马匹。临走

第四章　伺机逼宫，受禅登基

时命令各驿站的站长："尉迟大将军随后就到，请火速准备酒菜好好招待。"

正如韦孝宽料想的那样，他们一掉头，尉迟迥就派追兵追来。追到驿站，全都是盛大宴席，就是没有可以替换的马匹，就这样，韦孝宽叔侄安然无恙地逃脱了。

韦孝宽一路马不停蹄地奔向洛阳北面的河阳（今河南省孟县西北），洛阳是朝廷的地盘，这才摆脱尉迟迥的视线。

洛阳原是北魏首都，北齐被北周消灭后，宣帝在此设置东京六府，成为事实的"陪都"，与京城长安形成了东西两京对峙的局面。由于洛阳的重要性，朝廷命窦炽全权负责洛阳的政事。当年魏孝武帝西奔入关时，窦炽是护送者之一，从而成为关中政权的元勋。他的侄子窦荣定是杨坚的姐夫，就是杨坚小时候在寺院时唯一的玩伴，故窦家是杨坚的死党。窦炽一听到尉迟迥反叛，连忙调来兵力，将洛阳严丝合缝地保护起来。

此时，韦孝宽是只身逃出来的，手中没有军队，韦孝宽再有天大的本领，孤身一人也是很难扭转局面的。他不愧是老将，急中生智，伪造东京官府文件，让河阳的守军去洛阳领赏。守兵以为财运来了，一股脑儿地奔向洛阳。没想到，守军一到洛阳，不但没见着钱，等待他们的是伏兵。河阳稳定了，就此稳住了洛阳局势。

转眼到了六月，杨坚终于从京师给韦孝宽派来军队，各路行军总管也相继到位。不料，各路将帅各怀心事，他们有的忠于北周皇室，平时和杨坚同朝为官，现在地位在杨坚之下，心理有些不平衡，更不知道将来杨坚会怎样对待他们，何况，尉迟迥也对他们发誓许愿说将来打败杨坚，绝对不会亏待他们。

前线诸将中，杨坚最信任李穆侄儿李询。一日，李询给杨坚发来一封密报："丞相，听说梁士彦、宇文忻、崔弘度接受了尉迟迥馈赠的黄金，军心浮动，好像要投降。丞相赶紧想办法。"

韦孝宽对此事似乎束手无策，便称起病来。像韦孝宽这么机智的人难道就找不到解决问题的方法，还用得着卧床称病吗？我们推测，韦孝宽大概就是想麻痹敌人，暗地里拖延时间，以便消除内部危机。

杨坚接到李询的密报后，深为忧虑，立即召集崔仲方、郑译、刘昉等人商议，准备把梁士彦等人换掉，并希望他们中有一个人能代表中央安抚一下军队，给大家助助威、鼓励一下前方将士。

杨坚令时任少内史的崔仲方上前线督军，并授他调度前线军队的大权，仲方却以母亲在山东为由拒绝了。

杨坚又把目光转向刘昉，刘昉赶紧说："丞相，我要耍嘴皮子功夫还可以，要说打仗，还真应付不了。"

杨坚又转而征求郑译的意见，郑译眼珠子一转，马上说："我家中有八十岁老母需要照顾，确实走不开，丞相还是另谋他人吧。"

在形势扑朔迷离的危急关头，李德林发挥了重要作用。

李德林火速面见杨坚，为他分析利弊："大丞相您说各位将领原都是帝国的权贵，谁都不服谁，今天他们所以接受指挥，只因你用皇帝的名义发令，才能控制和驾驭他们。前一次派出的将领，疑心他们不忠，后一次派出去的将领，又怎么能知道他们就忠心？如果把他们免职派人接替，或许有人害怕受到惩罚，因而逃走；如果全部逮捕入狱，恐怕人人自危，必然发生祸乱。这不正中了敌人的圈套了吗？再说，梁士彦等人是否真的投降，还有待考察。"

听了李德林的这番分析，杨坚顿时醒悟："幸亏有高人指点，否则差一点酿成大祸。"

杨坚又按照李德林的安排，派高顾到前线监军。高顾接到命令，二话不说，连家都没回，仅派人向老娘禀报一声，立即出发。

高顾也是"平地一声雷"的人物，到了前线，迅速稳定了军心。

天无绝人之路，就在此时，东郡太守于仲文被尉迟迥击败，妻子儿女被杀，一人逃到长安。杨坚马上任命于仲文为河南道行军总司令，协助韦孝宽打击尉迟迥。韦老将军得到救援，重整军队，士气大振。

于仲文是于谨的孙儿，颇有名望。他一来前线，诸将纷纷向他打听朝廷的状况，甚至有将领直言不讳地问："杨坚这人人品如何，靠得住吗？"

于仲文刚受杨坚之恩，不免把杨坚大加赞美了一番："丞相宽厚大度，知恩图报，胸怀天下，明事理有头脑，是一个能担大任的杰出人才。如果我们为他尽全力，他会报答各位的。"

说得宇文忻等人心悦诚服，本来想投降尉迟迥，现在看来不必了。他们快速确定了自己的政治路线，"良禽择木而栖"——倾向了杨坚的政治阵营。

杨坚军队节节胜利，尉迟迥兵败于河南一带，被逼到邺城。

八月十七日，尉迟迥率领邺城十三万精兵，两个儿子尉迟惇和尉

隋长城

迟佑陪奉左右充当先锋，出阵与韦孝宽军队决战。尉迟迥军布阵子城西南，韦孝宽率十万精兵列阵于城西，两军对垒，谁也不示弱，一场大战即将上演。

接战之初，尉迟迥镇定自若，亲自上阵，率领一万头扎绿巾、身穿锦袄的"黄龙兵"。这支军队都是能征惯战之士，个个摩拳擦掌，准备厮杀，阵势已定，专迎韦氏大军。一时间，双方将士长刀挥舞，乒乒乓乓地拼杀在一块了。邺城百姓哪见过这般阵势，一开始有几个好奇心较强的百姓从城中溜出去，爬到附近的山冈上看热闹，最后山冈上竟有数万人目睹这场"现场直播"的大战。

尉迟迥绝非等闲之辈，年纪虽老，威风依旧，加之率领的都是关中精兵，韦孝宽军队有点招架不住。

高颎等人急中生智，匆忙整顿一下军队，咬咬牙，下令部队将乱箭对准山冈上围观的百姓。百姓正饶有兴趣地观看大战，突然雨点般的乱箭射向人堆，中箭百姓，不计其数，现场哭声震天，乱成一团，纷纷向城中逃走，一下子就把尉迟迥的军队给冲乱套了。

司令宇文忻趁机高呼："尉迟迥失败了！"官兵士气大振，乘此混乱，重新向敌人发起猛攻。尉迟迥的军队一听到喊声真的以为自己败了，无心再战，一个个就像待宰的羔羊一样再无还手之力，最后有的成了俘虏，有的在不知不觉中被送上了天堂。韦孝宽下令马上从左右两翼包围邺城，顿时尸横遍野，血流成河。

胜利已成定局，梁士彦首先从北门打进邺城，最后守城敌军全部投降，四门大开，政府军迅速占领邺城。

尉迟迥在慌乱中登上城楼，手持弓箭誓死抵抗。崔弘度追将上来，尉迟迥回头欲射箭，一看是儿媳妇的哥哥，两家原是姻亲。

崔弘度对尉迟迥说："今天摊上这事，也是没办法。念在我们两家曾是亲戚的份上，我当制止乱兵，不准对你家骚扰凌辱。你应该认清形势，早点为自己打算吧。"言外之意，别反抗了，你尉迟迥还是认命自裁吧。

尉迟迥一看四周密如蚂蚁般的大军，知道大势已去，独木难支，就气愤地将弓箭摔在地上，大骂了一通杨坚，之后拔剑自刎。崔弘度不忍看，叫弟弟崔弘升将尉迟迥的首级割下来。论打仗，崔弘升远不如他的哥哥，正愁着没功可立呢，这下好，哥哥帮着自己捡了个大便宜。

这场前后持续了六十八天的叛乱，以尉迟迥的自杀落下了帷幕。

平定尉迟迥的胜利是决定性的，十天之后，司马消难、王谦的叛军也相继被镇压下去。

杨坚彻底控制了北周的军政大权，登基仅仅是一个形式上的问题了。接下来，掌握大权的杨坚又开始了另一番布局。在韦孝宽、王谊、梁睿所统率的大军的讨伐之下，大象二年（公元580年）六月至十月，历时将近半年，终于以尉迟迥自杀、王谦被处死、司马消难败逃江南而告终。三方武装反抗已被全部平定，杨坚已牢牢地控制了北周政局。

在平定地方武装反抗的斗争中，贡献最大的行军元帅韦孝宽，于战争结束后不久病卒。史称"孝宽在边关多载，屡抗强敌。所有经略，布置之初，人莫能解，见其成事，方乃惊服。虽在军中，笃意文史，政事之余，每自披阅。末年患眼，犹令学士读而听之。及早丧父母，事兄嫂甚谨。所得俸禄，不入私房。亲族有孤遗者，必加振赡，朝野以此称焉。"（《周书·韦孝宽传》）

以隋代周，杨坚登基

大象二年（公元580年）十二月，北周任命大丞相杨坚为相国，统辖百官，总理国家政事，除去大都督、大冢宰的官号，晋爵为随王，划定安陆等二十郡为随国，朝见天子时可以不自称名字，备设九锡之礼。杨坚只接受了随王的爵位和十郡的封地。

杨坚自辅佐朝政以来，他想做皇帝已是公开的秘密。在平定尉迟迥、司马消难、王谦等三方的武装反抗中，杨坚为铺平通往皇帝宝座的道路，采取了一系列的措施：他宣布由左丞相改任大丞相，废除左、右丞相的设置，以免有他人利用这一职位来分割自己的权力，不久又将大丞相改称相国。他让自己的长子杨勇出任东都洛阳的总管、东京小冢宰，监督东部的地方势力。他又由随国公改称随王，以十郡的封地为随国，封独孤氏为王后，杨勇为世子，随王位在宇文氏的诸王之上。总之，待到平定三方的战争结束之时，杨坚已经为代周自立做好了大部分的准备工作。

大定元年（公元581年）二月甲寅日，随王杨坚开始接受相国以及九锡的任命和赏赐，建立台阁，设置百官。

正月，开府仪同大将军庚季才用天象理论劝说杨坚于二月甲子日称帝，其理由是周武王在二月甲子日的牧野之战平定天下，开创周朝八百年的基业；刘邦于二月甲子日即皇帝位于汜水之阳，开汉代四百年基业。季才认为二月甲子日是称帝的吉祥之日，杨坚高兴地接受了这一建议。与此同时，太傅李穆、开府仪同大将军卢贲也都劝杨坚早日称帝。

于是，杨坚派人为周静帝起草退位诏书，静帝下达诏书，逊居别宫。二月甲子日，静帝命太傅、杞公宇文椿奉册书、太宗伯赵煚奉玺绂，禅位于随王杨坚。杨坚头戴远游冠，接受册、玺，改服天子纱帽、黄袍，入御临光殿，服衮（礼服），举行如正月元旦大朝会的仪式，正式即皇帝位，是为隋文帝，时年四十一岁。

同时，宣布大赦天下，改纪元年号为"开皇"。命主管官员奉册前往南郊祭天，派少冢宰元孝矩代太子杨勇镇守洛阳。

少内史崔仲方劝说隋文帝废除北周的六官制，恢复汉魏时代旧有的职官制度，文帝接受了这一建议，任命相国府司马高颎为尚书左仆射兼纳言、相国内郎李德林为内史令。

二月乙丑日，追尊皇考杨忠为武元皇帝，庙号太祖，皇妣吕氏为元明皇后。丙寅日，修建太庙，立隋社稷。立王后独孤氏为皇后，王世子杨勇为皇太子。丁卯日，以太尉赵煚为尚书右仆射。己巳日，封周静帝为介公，北周宇文氏的诸藩王一律降低爵位为"公"。

当初，刘昉、郑译伪造遗诏让杨坚辅佐幼主，杨后虽然没有参与谋划，然而因为嗣君周静帝年岁幼小，她担心朝政大权落入其他皇族手中，得知父亲辅政后甚为高兴。后来，杨后得知父亲另有图谋，想篡周自立，心中愤愤不平，在言语和态度上均有所表现。待到逼迫周静帝禅让帝位，杨后心中的不平和愤怒更加增长，隋文帝在心中也深感愧对女儿，于是把女儿的名号由皇太后改封为乐平公主。过了好长时间，隋文帝想作主让女儿改嫁，公主誓死不从，方作罢论。

虞庆则进言劝隋文帝杀尽宇文氏，高颎、杨惠也都违心地表示赞同，只有李德林一人再三谏争，以为不可如此。隋文帝为此变脸说道：

"你是个书生，不足以议论此事！"于是，隋文帝决定诛杀宇文氏家族。李德林也由于这次谏争官位再也没有得到升迁。

五月，隋文帝又暗中派人杀害周静帝，埋葬在恭陵。命族人宇文洛为后嗣。

杨坚是依靠父亲随国公杨忠的勋劳与地位起家，后来得以进封随王，篡位后又把新王朝定名为随。后来他感到随字有"之"，与"走"同义，似乎不大吉利，便改"随"为"隋"。具有讽刺意味是，隋文帝虽然将不大吉利的"随"改为"隋"，也未能使他所建立的王朝逃脱二世而亡的命运。

杨坚坚持铲除异己，自有其道理。隋朝开国之际，杨坚重用的苏威跑回老家躲避，此事相当典型地反映出当时官场的心态：他们固然支持杨坚，但仍然觉得其夺取天下并不光彩，甚至有点不仁不义，就连苏威、窦炽都惺惺作态，何况他人。杨坚深明此点，所以，他对于表面表示顺从的北周旧臣都先加笼络，同时，拿北周宗室开刀以震骇群下，令他们死了复辟北周之心，杜绝后患。

诚然，滥杀前代宗室在南北朝动乱时代司空见惯，然而，北周组织构成的特殊性和杨坚上台的偶然性，都使得这场大屠杀给隋朝留下了深重的内伤。

首先。这场屠杀完全是新政权内在虚弱的表现，而其负面作用则是激起北周旧臣内心不服，从而对杨氏的正统地位不以为然。实际上，到了北周末年，真正的北周忠臣寥寥无几，即使是那些起兵反抗杨坚者，也不见得就是要匡扶周室，所以，比起北周复辟，更重要的是如何使原来平起平坐的周臣归心。高压政治显然做不到这一点，却落下欺负孤儿寡母的骂名。

其次，如果说杨坚夺权当初，在一定的时间范围内实行高压政治尚有迅速树立政治权威、完成政权过渡的必要，那么，把这种立竿见影的高压手段视为政治上成功的范例而将之长期固定化，无疑是被表象迷惑而落入陷阱。不幸的是，隋朝最高统治者始终没有认识到此，反而养成急功近利的恶习，甚至变本加厉，最终葬送自己。

第三，急功近利的高压统治，必然轻视甚至贱视文教事业，他们感觉不到文化熏陶那种潜移默化的伟大力量。中国屡经战乱割据而始络不会彻底分裂，根本原因就在于文化认同。而杨坚的一句"君读书人，不足平章此事"，无意中已经道破其思想深处对文化的轻视。尽管在他励精图治时，曾经对文教事业表现出相当的热情，但这毕竟不是其真正的想法，他只是尝试着把文教事业变成速效的统治工具，当这一目标无法达到时，其遭到弃之如敝屣的命运就丝毫也不奇怪了。

第五章
除旧布新，锐意改革

隋朝建立，万象更新。展望未来，杨坚雄心勃发，立志要超越以往任何一代帝王，成为万民企慕的救世圣主。因此，他给自己的新王朝起的年号为：开皇。

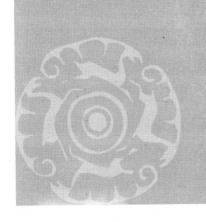

屠戮皇族，大兴崛起

在改朝换代的喜庆中，很少有人留意到其间发生的惨剧。南北朝时期，每一次的改朝换代或者新王即位都伴随着对前朝的血腥杀戮。唯独北周建立时，并没有对西魏宗室下手，以温和的人性化做了个好榜样。其原因是宇文皇权由关中几个集团组成，牵一发而动全身。

对北周王室斩尽杀绝，文帝是铁了心的。李德林极力反对，劝文帝要顾及儒家人伦，万万不要滥杀无辜，否则会影响国家的长治久安。新王朝应该以儒家思想为道德标准，大仁大爱才是千秋大业的基础。

李德林没能劝得了文帝，反而，让文帝把这仇记下了。李德林官阶十年没加，地位远不如高颍、虞庆则。

据史料记载，文帝建隋不久，就对宇文家族的子孙痛下狠手：共杀害北周文帝子孙二十五家，孝闵帝子孙及明帝子孙六家，武帝子孙十二家。年幼的周静帝宇文阐禅位后也没逃脱，禅位时，文帝封宇文阐为介国公，食邑一万户，他的旌旗、车服、礼乐，都是按照皇帝的标准配置。没想到，时隔不久，杨坚还是绝情地举刀挥向宇文阐，杀这个小孩儿是以免将来有人打着他的旗号匡复北周。

《隋书》对这位小逊帝的结局只记载了两件事：

第一件事透露了宇文阐的死因。文帝登位之初，陈朝还不知道北周禅位，派遣韦鼎、王瑳两人出使北周。两位使者到达长安的时候，才知道杨坚代周立隋。两个使者脑袋一根筋，不会变通，觉得他们是出使北周，理所应当去拜见原皇帝宇文阐。

第二件事是宇文阐死时，文帝在朝堂哭得上气不接下气，几欲瘫倒在地，群臣也哭得发昏。细瞅，原来是干打雷不下雨。哭罢，朝廷为宇文阐举行隆重的葬礼。因为宇文阐年幼无子嗣，文帝下令在宇文家族中找个血缘比较疏远的族人继承其爵位，以延续宇文阐这一脉，新王朝以此作为对前朝的"优待"。

宇文阐的生母胡氏本来比宣帝大十几岁，是宣帝当太子时宫中的洗衣侍女，母以子贵才当上皇后。由于此女出身低，又毫无品位，即使为皇上生了儿子，皇帝也没把他当回事儿。文帝掌权后，令毫无身家背景的胡皇后出家为尼，这个可怜的女子一生未享受什么荣华富贵，当了尼姑后，和爱子宇文阐永远睽离，从此在孤独和寂寞中愁肠百结，长吁短叹，最后郁郁而终，死时年仅四十岁。

宣帝的两个幼子还在襁褓之中，为绝后患，也被残忍地杀死，其余宇文家族的僚属亲戚，几乎无一幸免。大约在一年内，宇文家族的男性全被杀光，甚至连牙牙学语的小孩子都不放过，可谓做到了铲草除根。这是继萧道成之后，屠杀前朝皇室最彻底的一次。

文帝终于用无数的尸骨铺成了一条通往皇宫的光明大道，当年那个朝思暮想的梦实现了。文帝的做法，演绎了一出令人难以接受的人间惨剧。挥手之间，历史改写了。

也许正是南北朝大环境的影响，让这个长于寺院十三年的佛教徒毫不犹豫地举起了手中的刀。当他举起屠刀的那一刻，是否还记得智仙法师对他的谆谆教诲。

唐太宗曾斥责杨坚"欺孤儿寡妇以得天下"，落下了欺负孤儿寡母的骂名。

清朝史学家赵翼感叹道："古来得天下之易，未有如隋文帝者，以妇翁之亲，值周宣帝早殂，结郑译等，矫诏入辅政，遂安坐而攘帝位。……窃人之国，而戕其子孙至无遗类，此其残忍惨毒，岂复稍有人心！"无论后人如何评说，也改变不了隋文帝称帝的历史事实。

隋初的首都是汉族旧都长安城，这个被蹂躏三百多年的历史名城，充满了荡不尽的硝烟、诉不尽的悲剧、写不完的沧桑。在凄凉的废墟中、在举目皆是的瓦砾中，仿佛还能看到血与火的洗礼、刀与剑的杀伐。文帝觉得这里已经不适合做一个新王朝的首都了，有关部门经过几番论证和实地勘察，决定在旧长安的东南方修建一座新的都城大兴城。

开皇二年（582年）六月十八日，文帝正式下诏，修建都城。工程进展神速，从开工到竣工，前后仅仅用十个月的时间，一座庄严肃穆的帝京诞生了！这座新都城的面积要比现在的西安市大八倍。

史料记载，大兴城的总面积比明清时的北京城约大一倍半，仅皇帝所住的宫殿就比明清紫禁城大五倍。当巍峨的皇城宫阙刚刚拔地而起，建筑工地上的砖头和瓦块还没收拾干净的时候，文帝就迫不及待地搬入了新城。

开皇三年（583年）三月十八日，阳光明媚，这一天是文帝搬家的日子。为了庆祝乔迁之喜，文帝下诏大赦天下，让天下百姓都来沾惠受益。

文帝搬入新城的时候，看着眼前雄伟的宫殿、富丽的皇城，内里却少有人烟，如同大隋王朝一样，一切都还刚刚开始。

文帝下令，皇亲国戚、大小官吏一律搬家，填充新城。随之，政府机关相继搬迁。

文帝早年时曾被北周王朝封为大兴郡公，想来想去，他觉得还是用原封地的名字命名大隋王朝的新都城更好。

大兴城就这样诞生了。官城的名字叫大兴官，京县叫大兴县，还有大兴寺、大兴园……

大兴——大大的兴旺，意味着大隋朝将从此兴旺发达、百事转苏。或许这正是文帝对自己这份皇帝事业许下的宏愿吧。

从此，隋朝在大兴城里演绎着一幕幕悲喜剧。

从此，中国迎来了民族融合的新时代。

新时代来临了，回想在这之前，在广袤的中原大地上，自西晋末年匈奴刘渊建立第一个少数民族政权起，战乱持续了近三个世纪。胡族政权轮番占据中华大地，血雨腥风，人们生活在彷徨、恐惧、无助中。至隋文帝登上皇位，才将这个动乱的时代画上了句号。

文帝凭着过人的胆识和气魄，抓住了这一难得的历史机遇。尽管新王朝不知用多少鲜血染成，也不知用多少尸骨筑就，但是，历史发展至此，国家迎来了民族大融合的新时代。

刚过不惑之年的隋文帝，怀揣着无数的憧憬，率领一批忠心耿耿的文才武将，雄心勃勃地开创了一个崭新的王朝……

改定正朔，确立制度

隋朝建立后，隋文帝立即确立了"除旧布新，移风易俗"的总方针。除了改定正朔外，还确定了三省六部制度、制定《开皇律》、创立科举考试制度……

与其说隋文帝伟大，不如说是整个中华民族经历了长期苦难后，像凤凰涅槃一样，在浴火中得以重生。

第一，建隋之初，文帝马上召见崔仲方和高颎两人，确定正朔与易服色等制度。崔仲方根据通行的五行相生原理：周为木行，在东方，木生火；隋朝取代北周，故隋为火行，在南方，属于夏季，色尚赤，赤为火色；而中央为土，属于黄色。

经过反复研究论证，文帝君臣一致认为，大隋王朝的旗帜、牺牲祭祀之类应该偏向赤色。在衣着方面，上到君主下到朝臣应该着黄色，唯一的区别就是，皇帝佩戴有十三个金环的腰带，这种金环腰带，精美绝伦，但没有实质性的作用，只是代表皇权的一件道具。

君臣都穿黄衣服，这在历史上尚属首次。

第二，文帝的贴身卫士卢贲又奏请改变北周的旗帜，并亲自拟定旗帜的名称，创制了青龙、驺虞、朱雀、玄武、千秋、万岁之旗。

第三，李德林认为北周承袭北魏的车舆，稀奇古怪。文帝准奏，只保留北魏太和年间仪曹令李韶所制定的五辂，五辂就是一种在车辕上有五根横梁的大车。

看似简单的服装、旗帜、车舆等的改制，顺顺当当地完成了，新王朝总算初具礼制。

北周的服饰、旗帜、车舆等制度都继承于北魏，北魏崛起于边塞，建立政权后渐渐进入中原，为了巩固少数民族的政权，大到政治制度，小到穿衣车行，依然遵从胡族那一套，时人称为"违古"。其后魏孝文帝虽大力推行汉文化制度，但是改革仍不彻底。宇文氏建立北周，起初势力薄弱，主要依靠鲜卑贵族壮大自己的力量，如果什么事都管，群官势必要不满。再说了，鲜卑遗老遗少们遵守本民族的风俗习惯也不是什么违规的事儿。于是，一时间胡风弥漫，陈规陋习盛行，朝中首官穿鲜卑的奇装异服，汉人抛弃汉姓，改鲜卑姓氏，大街上到处行走的是奇奇怪怪的马车。看上去，总显得不伦不类。

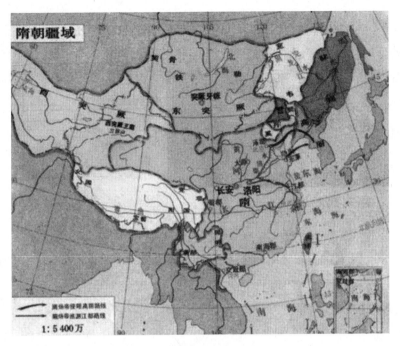

隋朝疆域图

隋朝代替北周，文帝敏锐地认识到只要在民族政策上有所作为，就可以得到百姓的认同。

早在文帝辅政期间，他就带头改回了汉姓，为恢复汉文化的民族政策开了个头。文帝登基后，当然还要进一步破除陋习。

文帝从日常生活中的穿衣乘车等琐屑之事进行改革，承袭汉、晋，让普天下的汉人找到一种归属感。

新王朝开始，当文帝君臣脱下具有胡族特色的奇装异服，换上久违的新装时，人们喜悦无比，心花怒放，积聚在人们心头的阴霾终于散去。文帝的这一改革，对当时新建的隋朝来说，正如一块巨石投入了一池死水。这让百姓清醒地意识到：长期处于政治劣势的汉人翻身了，中华传统文化回归了。

文帝决心改革国家的政治制度。

宇文泰的军队主要是出自边镇军将，其军事实力远远比不上雄踞山东的高欢，文化上更难与儒学深厚的南朝相比。睿智的宇文泰比谁都清楚，要想和山东的高欢以及南朝抗衡，除了军事实力外，更重要的是要在文化上超过他们。因此，宇文泰让谋臣苏绰、卢辩和裴政等人制定礼仪制度，按照《周礼》模式设置了六官制度。

六官官名和天、地、春、夏、秋、冬六种自然现象有关：

中央设立大冢宰，即天官；大司徒，即地官；大宗伯，即春官；大司马，即夏官；大司寇，即秋官；大司空，即冬官。这六位长官，各司其职，其中大冢宰权力最大，即"五府总于天官"。

但是，六官制度是春秋战国时期的诸侯国建立的。把这一套政治制度拿到千年以后的北周去实行，其实并不是很适合。

由于战乱，宇文泰每遇到政治难题，就借鉴《周礼》，如果实在找不到解决之法，就把胡族那一套搬出来，和现有制度折衷一下就把问题解决了，乃至于史学家陈寅恪讽刺北周官制为："虚饰周官旧文以适鲜卑野俗，非驴非马，藉用欺笼一时之人心。"

这种"非驴非马"的政治体制，着实存在着一定的弊端。首先，除皇帝外，大冢宰官位最高，管辖其他五官，拥有一人之下万人之上的权力。谁要是做到大冢宰这个位子，那皇权就受到威胁了，宇文护专权就是一个现成的例子。所以，周武帝亲政后，大冢宰便不再居大，变为和其他五官平级的官，六官皆直接听命于皇帝，这样一改革，没有谁管制谁的麻烦了，皇权也没什么威胁了。到宣帝时，设置大前疑、大右弼、大左辅和大后丞四辅官，四官之间互相牵制，不分高下。同时，四辅官又是管理百官的官，其实就是皇帝选出四个人帮着自己看管百官，自己图个省心，群官又有顶头上司，无论如何也是不敢乱来的。

这种临时拼凑的制度难以维持下去还有一个原因，那就是北周灭齐，中国北方统一，山东地区尽归其下，而这一地区是儒家文化的发源地，文化氛围较浓，恪守的传统礼仪较多。如果隋朝继续沿用北周"非驴非马"的官制，原北齐的士大夫阶层肯定接受不了，故官制的改革势在必行。

隋文帝亲历过宇文护专权的时代，对六官制度的弊端看得清清楚楚。文帝认为官职制度非改不可了。君臣经过商议，以北齐的官制为基础，革旧图新，取长补短，吸收南朝三省制度的优点，重新制定了一套适合隋朝发展的政治体制，最后确定为三省六部制，希望这种体制在政治上能弥患补阙。

所谓"三省"，即政府首脑包括尚书省（管理全国政务）、门下省（审查政令及封驳）、内史省（起草诏令），三省长官都是宰相。此外，还有秘书省、内侍省（宦官），这两省与尚书、门下、内史并称五省。

五省中前三省权力最大，三省中又属尚书省最为重要，它是国家最高行政机关。

尚书省设尚书令一人，左、右仆射一人，为正副长官。由于尚书令是皇帝之下的最高官级，对皇权很有威慑力，从某种意义上，尚书令最接近原来意义上的大冢宰，文帝怕这个官窥窃神器，所以在自己当皇帝的生涯中，从没让任何大臣担任此职。只有在隋炀帝时期，杨素当了一段时间的尚书令。故尚书令在隋唐两代几乎是空缺。看来高高在上的皇帝都被权臣整怕了，时时刻刻都得加点儿小心。

尚书省下设吏部、礼部、兵部、都官、度支、工部六部。每部设尚书为长官，总管本部政务。

三省将国家权力一分为三，互相牵制，任何一位"宰相"，都不可能独揽国家大权。其下的六部，既是实际的行政机构，也进一步分了"宰相"的权，只有他们合在一起，才是完整的相权。这样，国家权力

第五章　除旧布新，锐意改革

分割得越多，打算擅权的野心家就很难有空子可钻。

三省六部制度最大的好处就是，其中有审议封驳这一环节，可使各种决策少出差错。可以看出，文帝通过三省六部制度，巧妙地将汉、魏旧制包装，形成了一套适合新王朝的政治体制，取得了巩固和加强中央皇权的巨大胜利。

三省六部制度，是文帝官僚制度改革中很成功的一项。

由于尚书令一直空缺，左、右仆射成为尚书省的实际长官，其中，左仆射是正职，右仆射是副职。

此外，内史省的最高长官为内史监、内史令；门下省最高长官为纳言。体制定下来，谁来就职呢？

文帝宣布了以高颎为尚书左仆射兼纳言，虞庆则为内史监兼吏部尚书，李德林为内史令。三人是新王朝的宰相。杨雄为左卫大将军，统领禁军。

几天后又补赵煚为尚书右仆射。

这些人当中，李德林跟从文帝的时间较长，可以说是建隋的股肱之臣，应该是最有政治前途的。可是，李德林太耿直，浑身冒出来的都是傲气和正气，文帝当然不会理会这一套，因此，李德林升迁较慢，这是后话。

此外，韦世康任礼部尚书，元晖任都官尚书，元岩任兵部尚书，杨尚希为度支尚书。

这套新政府领导班子成员，颇有特点，三名宰相都是政治新秀，而且全是汉人。六部高官中，韦世康为韦孝宽的子侄，与文帝是世交；元晖、元岩是西魏宗室；长孙毗为关中世族；杨希尚是弘农杨氏，文帝的本家。

通过这套任命，看出隋王朝是一个以汉族为主体的多民族国家。

隋文帝实行的三省六部制度，开创了中国古代社会政治体制的新阶段，这是隋朝对后世的一大贡献。之后的唐、宋、元、明、清各朝，都是在三省六部制基础上充实完善，基本都是沿着隋文帝确定的政治体制路线进行的，只不过根据实际情况稍有变更而已。

制《开皇律》，科举取士

北周宣帝时，法令严苛，并制定《刑经圣制》。当时，杨坚就觉得这部法典既残酷又混乱，造成的结果是"内外恐怖，人不自安"，就向宣帝提出"法令滋章，非兴化之道"，但没有被宣帝采纳。可见，他在主政前就有改革北周严刑酷法的想法。

开皇元年，文帝命高颎等人参考魏晋旧律而"更定新律"，择其善者而从之，制订《开皇律》。

在新的法律条令中，修改了许多以前的严刑酷法，如"流役六年，改为五载；刑徒五岁，变从三祀；其余以轻代重，化死为生。"相比起来，文帝新制定的法律比原来要宽松多了。

开皇三年（583年），文帝又命苏威、牛弘修改新律，删除苛酷条文。对前代八十一条死罪、一百零五条流罪、千余条酷刑以及灭族等条文都一概废止，人们拍手称快。

文帝还废除了以下几种酷刑：宫刑（破坏生殖器）、车裂（五马分尸）、枭首（把脑袋割下来悬挂在旗杆上示众）、鞭刑（用鞭子抽打）、孥戮（没为奴隶或加刑戮）、连坐（株连九族）等。孥戮见于殷朝，连坐兴于商鞅，这些野蛮的酷法不知害了多少无辜之人。文帝将这些流传上千年的野蛮刑罚彻底废除，在一定程度上天下为之一清，整个国家开始从久病沉疴里走出来，渐渐有了精气神。

除了律文之外，诉讼程序方面，隋朝还制订了有利于百姓的制度，如百姓有冤上告，假如县官不受理，允许越级向州官上诉，州官无法解决，甚至还可以直接告到朝廷。

开皇二年（582年）下诏，全国各地死刑犯，不准在本地处决，必须送到大理寺（相当于最高法院）复审，审查完毕再送尚书省奏请皇帝裁决。

九年以后，又下诏，死刑犯人要经过三次奏请才能定刑。

总之，隋朝的《开皇律》继承了魏晋南北朝以来法律建设的一切积极成果，取其精华，有着自己独特的贡献，并比前朝的法律更人道了。但是，到了文帝末年，随着权力欲的增长，文帝本人明知故犯，如在朝堂上杖杀大臣，处死偷瓜者等，完全将法律当儿戏，这是后话。

文帝对法律制度的改革，标志着中国古代刑法法典的体制已经趋于成熟，奠定了此后中国法律体制的基本框架，是中国法律制度史上重要的里程碑。隋朝的《开皇律》可以说是《唐律》、乃至《大明律》和《大清律》的蓝本。

作为中国古代刑法法典的基本体制，《开皇律》有如下特点：第一，从篇章结构上看，中国古代法典，自汉律《九章》以来，总的趋势是由简入繁。南北朝时期，统治阶级已有"刑网大密，犯者更重"的呼声。待到北齐河清三年（564年），北齐武成帝高湛制律，一改旧律繁苛的弊端，定律为十二篇共九百四十九条，史称"法令明审，科条简要"（《隋书·刑法志》），基本上成为后世刑法典的定型。然而，北周的法律却仍循旧制，其《大律》二十五篇共一千五百三十七条，"大略滋章，条流苛密，比于齐法，烦而不要"（同上）。隋文帝主持制定《开皇律》，摒弃北周律的"繁苛"弊端，取北齐律的"轻简"之长，在结构上仍以北齐律的十二篇为基础，又加以必要的调整和改进。修订后的《开皇律》，共十二篇五百条，中国古代刑法法典的体制，至此已基本确定。

第二，确立了封建时代的五刑制度。自战国、秦汉以来，已初步确立了死、流、徒、鞭、杖的五刑体制，但南北朝时期的法律，刑罚仍相当混乱，仅死刑就有枭首、辍身、斩、绞四种，徒、流二刑又附加鞭刑。《开皇律》遵照"以轻代重，化死为生"的原则，废除枭首、辍身、鞭刑等刑罚，把刑罚定为死（二等）、流（三等）、徒（五等）、杖（五等）、笞（五等）共五种二十等。又规定五刑各自独立使用，用单一刑罚取代了以往的复合（附加）刑罚。无论隋文帝与高颎、苏威的主观愿望和所追求的目的如何，单一刑罚取代复合刑罚，无疑是社会文明程度提高的反映，它标志着古代刑罚制度已日趋成熟。《开皇律》的死、流、徒、杖、笞的单一刑罚体制，奠定了古代五刑制度的基础，基本上为后来的唐律所沿用。

第三，北齐律首设"重罪十条"之名，而北周律则"不立十恶之目"。《开皇律》上承北齐律，"又置十恶之条，多采后齐之制，而颇有损益。一曰谋反，二曰谋大逆，三曰谋叛，四曰恶逆，五曰不道，六曰大不敬，七曰不孝，八曰不睦，九曰不义，十曰内乱。"（《隋书·刑法志》）关于"十恶"的法律规定，隋朝《开皇律》将间接危害皇帝权力和封建礼教的行为"犯十恶及故杀人狱成者，虽会赦，犹除名"（同上）的"十恶不赦"的大罪，严加打击，并将"十恶"列于刑律总则《名例律》的"五刑"之后，表明《开皇律》维护封建专制制度的阶级实质，并成为后世各代封建法典不可更易的原则。

第四，《魏律》首设"八议之科"以优待贵族、官僚，但基本上仅是原则性的确定，没有具体的法律规定，执行中的随意性较大。《开皇律》继承魏、晋的"八议之科"，并融合南北朝的"官当"、"听赎"制度，创立了"例减"之制。所课"八议之科"，是指对于亲、故、贤、能、功、贵、勤、宾等八种有功于皇室或国家以及亲、故、宾等八种人的犯罪，经特别审议程序认定，享有减免刑罚的特权。

《开皇律》将维护贵族、官僚在法律上所享有的特权，从一般原则发展成为"议、减、赎、当"的法律规定，除了表明《开皇律》维护古代贵族、官僚特权的阶级实质，为违法犯罪的贵族官僚提供了明确、可靠的司法保障；另一方面也使得古代贵族官僚所享有的特权有一个法律规定的界线，规定详细而分明，易于操作，这对于维护特权无疑是有利的，因而亦被唐代以后的法律所继承和发展。

第五，对于自古以来的刑讯提供制度依据，隋文帝在颁布《开皇律》的诏书中，历数前朝刑讯逼供的惨毒和后果，即所谓"楚毒备至，多所诬伏"，因而规定"讯囚不得过二百"，"行杖不得易人"，对于冤狱，允许"诣阙申诉"，"听挝登闻鼓"。以上诸条较为进步的法律规定，亦被后代的唐律所吸取。

以上五点表明，《开皇律》的问世，标志着中国古代刑法法典的体制已经趋于成熟，并且基本上已经定型，是中国法律制度史上重要的里程碑。从世界范围来看，《开皇律》虽然比东罗马帝国的《查士丁尼法典》晚半个世纪，但它却奠定了东方法系的基础，与《查士丁尼法典》东西遥相呼应，因而同在人类法制史上享有重要的地位。

《开皇律》以其成就表明，它确实在中国法制史上具有继往开来、承前启后的作用和地位。中国的古代刑法法典，至《开皇律》已经基本定型；唐初的《贞观律》和《唐律疏议》，则是《开皇律》的进一步完善。

文帝上台后对中央官制和地方官制进行了大刀阔斧的改革，必然要侵害到数以万计的贵族官员的利益。文帝明白，若让国家长治久安，必须得大量吸纳新鲜力量进入各级政府。

文帝要想改革彻底，第一个大难题就是人事问题。说到人事，这就涉及到了选拔人才的方法。

让我们先说说隋朝之前选拔官员的情况。在中国古代历史上，统治阶级曾采用过多种方式选拔官员，如：夏、商、周采用的是世袭制，其结果是"龙生龙，凤生凤，老鼠的儿子只能去打洞"，说俗了一点，那个年代，当官这玩意儿基本是世代相传的，平民百姓与官场几乎无缘。

汉朝以"察举"和"征辟"制取代世袭制。但由于掌握选官大权的官僚们注重门第，官官相护、弄虚作假，不可能到民间"征辟"人才，自己的僚属、亲朋好友都排着长队想谋个一官半职呢。到最后，"察举"和"征辟"到的人才全是官僚、世家大族的关系户。甚至，推举出来的人是"举秀才，不知书；举孝廉，父别居"，意思是说谁有关系谁就可以被推荐，所谓"秀才"，可能根本没念过书，而以孝子身份做官的，竟不养自己的老爹。

除此，国家部门还出现一些荒诞的现象：大字不识一口袋、写字写不成的、说话结结巴巴的，竟去了文职部门任要职；唱歌鬼哭狼嚎五音不全的，也在国家级的音乐部门。结果，凭着关系走入官场的官员基本都是这样一群人——不敬业、不专业、不负责任、扯皮推诿，甚至荒淫玩乐者。

从这种情况来看，汉朝的"察举"和"征辟"，也无非是做做表面文章。

魏晋南北朝实行"九品中正制"。中央和地方州县都设置专门的"中正官"，负责考评各地人才的等级，分为"上中下"各品各级，一共九个等级，不同等级的人才出任不同级别的官职。

中国古代，一旦涉及到"选"，这个尺度就很难把握了。中正官是一个有实权的官，谁上谁下，都靠他决断。世代高官的家族收买了"中正官"，等到考核官员的时候，就出现了塞钱、递条子的恶劣现象，让中正官给自家的孩子和亲戚评个较高的品级。就这样，官宦人家凭着很顺畅的"后门"关系，让子子孙孙世代为官。结果，"上品无寒门，下品无世族"。

隋朝开国时，官场选拔人才采用的依然是"九品中正制"。这种不合理的现象首先引起山东世家大族的不满。山东地盘属于原北齐，北齐灭亡后，山东各大家族在北齐当的官就不算数了，他们的地位远不如没什么文化的北周官员和贵族们。后来隋朝建立，文帝任命的官员主要是出身关中的贵族、豪门或武将。改朝换代把山东人的地位改没了，这些文化人当然不干了。

一贯以和孔孟同乡自豪的山东士人，书读得多，信奉"学而优则仕"的原则，认为只要具备深厚的儒学根底就理应赢得厚禄高官，因此士人们一直嚷嚷着要按照真才实学选拔官吏。

开皇二年（582年），文帝顺应山东士人的要求，命令选拔"贞良有才望者"担任官职。次年，文帝取消了实行了三百余年的"九品中正制"，废除了各级中正官的职务，朝廷接管了选拔官吏的人事权。中国历史上的用人制度从此翻开了新的一页。

为了规范人才选拔的管理制度，文帝在开皇七年（587年）规定，每州每年向朝廷推荐三名贡士。推荐的条件首先要文才出众，即"志行修谨"（有德）和"清平干济"（有才），不论身家背景。这些被推荐的人集中到京城，统一参加"秀才科"特别考试，最后由中央进行全面考核，合格者安排做官。这样，便避开了地方世族的参与。

就此，对中国历史乃至民族文化产生巨大影响的科举考试，萌芽了。

那么，隋朝的科举考试具体怎么操作的呢？现在我们通过史料的零星记载，尽量还原当时的考试情境。

某举人去参加"秀才科"考试，考试的方式有两种——口试和笔试。首先，吏部尚书向举人提出一个有关国家政治和治国方略的问题，举人要朗声阐述该问题的要点，最好讲述得慷慨激昂、妙趣横生，这样才能得高分。阐述完毕，还要把刚才口答的内容工工整整地写到试卷上。如果考生有着不太跌份儿的仪表、华丽的文辞、口若悬河的辩才，以及圆通无碍的机智，当场就可征服考官而被录取。

秀才科是当时所有考试科目中最难的，因为此科没有复习范围，考生没法提早准备，只有靠平时的积累，所以，此科最能显现出考生的文化素养和基本功。比如某年的题目是拟作《司马相如上林赋》、《王褒圣主得贤臣颂》、《白鹦鹉赋》。还有一年的考题是拟作《贾谊过秦论》、《尚书·汤誓》等。

参加秀才科考试的考生大部分落榜，录取者寥寥无几。据史料记载，有隋一代三十几年才录取了十余人，也就是平均三年才有一人被录取。

最简单的就是参加明经科考试，只考《九经》中的某一篇文章，这很适合非常用功、死读书的书呆子，只要考生熟读经史，有着"头悬梁锥刺股"的学习劲头，就有可能及第。

后来在隋炀帝大业四年（608年），隋朝将举人考试扩展到十科。其中有一科要求考生"文才秀美"，即进士科。据说此科是隋炀帝杨广定的，因为他本人爱好文学，诗歌辞赋样样拿手，所以他就想把天下的文学青年招揽于朝中为己所用，就此开设了进士科，此科比较适合陈叔宝那样的"文学青年"。

以上科目考试的内容不一样，考试范围也不同，士人们最推崇的是难度最大的"秀才科",因为题越难越能考出一个人的真实水平。其次是"明经科",最不看好的就是"进士科",认为"进士科"的考生写的都是花里胡哨的表面文章,毫无用处。

金榜题名的人,就可以直接上任当官了。初入仕途,一般定在九品和八品的这个级别上。比如刘焯、王贞、杜正玄、杜正藏等是秀才科出身;孔颖达、韦云起等是明经科出身;房玄龄、侯君素、孙伏伽、杨纂等都是进士科出身。这些人都是经过十年寒窗,最后通过考试走入仕途,彻底改变了自己的命运,有的在改朝换代后,还成了唐朝的名臣和大学者。

隋朝创立科举考试的初衷是从民间选拔人才,这一考试方式,相对于世袭、举荐等制度,无疑是一种相对公平、公正的方法,给中小地主阶级和平民百姓通过科举入仕提供了一个公平竞争的平台。每每考试过后,一代清贫人士立即成为显达,正可谓"朝为田舍郎,暮登天子堂"、"十年寒窗无人问,一举成名天下知"!

自隋朝始,科举考试历经唐宋至明清,实行了一千三百多年。一代一代人走向考场,只要考到一定分数、取得一定资格后就可以授予一定的官职。

大封诸侯,任命百官

为巩固隋王朝的统治,隋文帝吸取宇文氏没有强宗固本的教训,大封同姓诸侯王,使隋王朝成为杨氏的天下。

开皇元年(581年)二月,隋文帝封他的弟弟、邵公杨慧为滕王;封另一位弟弟、安公杨爽为卫王，兼雍州牧；封次子雁门公杨广为晋王，兼并州总管；封三子杨俊为秦王，兼洛州刺史；封四子杨秀为越王，兼益州总管；封五子杨谅为汉王，后来接任并州总管。杨坚封众子为王，并且各管一州，同时又兼管周围各州军事，还分别配备亲信重臣辅佐诸王，其目的无疑是为加强杨氏家族对地方的控制。与此同时，隋文帝还封侄儿杨静为道王，封侄儿杨智积为蔡王。

任命百官是隋文帝即皇帝位后安定局势的一项大事。据《隋书·高祖本纪》记载，隋文帝即位后：

以柱国、相国司马、渤海郡公高颎为尚书左仆射兼纳言；

以相国司录、沁源县公虞庆则为内史兼吏部尚书；

以相国内郎、咸安县男李德林为内史令；

以上开府、汉安县公韦世康为礼部尚书；

以上开府、义宁县公元晖为都官尚书；

以开府、民部尚书、昌国县公元岩为兵部尚书；

以上仪同、司宗长孙毗为工部尚书；

以上仪同、司会杨尚希为度支尚书；

以上柱国、雍州牧、邗国公杨惠为左卫大将军；

以大将军、金城郡公赵煚为尚书右仆射；

以上开府、济阳侯伊娄彦恭为左武侯大将军；

以上柱国、并州总管、申国公李穆为太师；

以上柱国、邓国公窦炽为太傅；

以上柱国、幽州总管、任国公于翼为太尉；

以观国公田仁恭为太子太师；

以武德郡公柳敏为太子太保；

以济南郡公孙恕为太子少傅；

以开府苏威为太子少保。

隋文帝所任命的地方军政大员有：

以上柱国元景山为安州总管；

以上开府、当亭县公贺若弼为楚州总管；

以和州刺史、新义县公韩擒虎为庐州总管；

以上柱国、神武郡公窦毅为定州总管。

隋文帝即位后任命百官的事实表明，刘昉、郑译虽有拥戴之功，但因其为反复无常的小人，又无有治国治军的真实本领，新任命的百官中已无他们的重要位置；原北周政权中的一些重臣如李穆、窦炽、于翼等人，原有很高的官职和爵位，此次则授予太师、太傅、太尉以及太子太师、太子太傅、太子太保等职衔，有利于团结北周政权中的旧臣，逐步实现由旧到新的过渡；而国家三省六部的官员，隋文帝则任命自己的亲信并具有治国治军才能的人来充任，这些才是隋王朝国家政权所依靠的中坚力量。

三省六部的官员，以苏威、高颎所受到的重用和宠幸最为突出。美阳公苏威是苏绰的儿子，少年时代即有美名传扬，北周晋公宇文护强行把女儿嫁给他为妻。苏威见宇文护专权，担心祸及己身，隐居于山寺之中，以读书为乐。周高祖武皇帝宇文邕闻知苏威有贤才，任命他为车骑大将军、仪同三司，又任命稍伯下大夫，苏威一概以疾病为辞拒不接受。周宣帝拜苏威开府仪同大将军。杨坚任北周丞相，高颎向丞相推荐苏威，杨坚召见苏威，同他交谈后，十分高兴。月余过后，苏威闻知杨坚将篡周自立为皇帝，便逃归乡里。高颎请杨坚将苏威追回来，杨坚说："这是不想参与我的事而已，不要追了。"待到杨坚篡位自立为皇帝，征拜苏威为太子少保，追封其父苏绰为邳公。不久，又任命苏威兼任纳言、民部尚书。苏威上表辞让，隋文帝诏书曰："舟大者任重，马

骏者远驰。以公有兼人之才，无辞多务也。"苏威这才接受任命。

苏威以父亲苏绰生前的感叹为己任，任职后奏请文帝减轻赋役，多被采纳，愈发受到文帝的亲信和重用，与高颎参掌朝政。苏威劝谏文帝为政节俭，敢于犯颜直谏，深受文帝的器重。

高颎在杨坚执掌国政后入丞相府任职，在平定尉迟迥的战争中，以监军之职作出了重大贡献。此人善计谋，文帝即位后被任命尚书左仆射兼纳言。高颎深避权势，上表逊位，让于苏威。文帝为成全高颎的这番美意，接受了他辞去尚书左仆射的请求。可是，几天过后，隋文帝说："苏威在前朝隐逸不仕，高颎能把他推举给朝廷，我听说进贤者应受上赏，难道可以使他辞去官职吗？"于是，隋文帝又恢复高颎尚书左仆射职务，不久又拜为左卫大将军，本官如故。史称"颎、威同心协赞，政刑大小，帝无不与之谋议，然后行之。故革命数年，天下称平。"正是在高颎、苏威等人的辅佐下，隋文帝在即位后开始了他的政治改革。

隋文帝即位后的整饬吏治，是从整顿和精简国家行政机构入手的。关于中央官制的改革，已如上述，而北朝的州、郡、县三级地方行政机构，问题亦相当严重，其主要表现为机构冗赘。

开皇三年（583年），由度支尚书出任河南道行台兵部尚书的杨尚希，目睹"天下州郡过多"，弊端百出，因而上表朝廷：

"自秦并天下，罢侯置守，汉、魏及晋，邦邑屡改。窃见当今郡县，倍多于古，或地无百里，数县并置，或户不满千，二郡分领。且僚以众，资费日多，吏卒人倍，租调岁减。清干良才，百分无一，动须数万，如何可觅？所谓民少官多，十羊九牧。琴有更张之义，瑟无胶柱之理。今存要去闲，并小为大，国家则不亏粟帛，选举则易得贤才，敢陈管见，伏听裁处。"

杨尚希的上表，对于地方行政机构冗赘弊端的抨击，可谓击中要害。隋文帝读过杨尚希的上表后，大为称赞，当即"罢天下诸郡"。在地方行政机构中，废除郡一级的建制，同时又省并了一些州县，只保留州、县两级地方政权。这就裁汰了一大批冗官，不仅节省了国家的财政开支，又提高了地方行政机构的办事效率，有利于加强中央对地方的控制，为整顿吏治开创了十分有利的局面。

隋文帝的整顿吏治，主要表现在对官吏的选任、考核、升降和赏罚方面：关于官吏的选拔，由于曹魏以来的九品中正制度已走向反面，被隋文帝正式废除，命令每州"岁贡三人"。开皇十八年（公元589年），命"京官五品以上、总管、刺史，以志行修谨和清平干济二科举人"，把州郡僚佐的选授权由地方收归吏部，即所谓"当时之制。尚书举其大者，侍郎铨其小者，则六品以下官吏，咸吏部所掌：自是，海内一命以上之官，州郡无复辟署矣。"选拔官员时，把"志行修谨"和"清平干济"作为考核和选拔官吏的标准，把德行和才干放在首位，而不是看出身门第，这无疑有利于选拔贤才到各级政府机关部门任职。

隋文帝曾多次下诏表扬良吏。例如：开皇元年（581年），下诏表扬岐州刺史梁彦光，不久又表扬相州刺史樊叔略、新丰县令房恭懿。开皇十一年（591年），临颍县县令刘旷因考绩名列天下第一，被晋升为莒州刺史。五年后，汴州刺史令狐熙于吏部考绩第一，赐帛三百匹，布告天下，予以褒扬。

隋文帝在奖励良吏同时，还依法严惩贪官污吏。他经常派人侦察朝廷内外的官员，一旦发现有违法行为便严惩不贷，甚至连他的儿子也不能例外。隋文帝的第三子杨俊，开皇二年（582年）时拜上柱国、河南道行台尚书令（正二品），洛州刺史，加右武卫大将军，领关东兵，时年仅十二岁。据《隋书·文四子传》记载，"俊仁恕慈爱，崇敬佛道，请为沙门，上不许。"开皇六年（586年），杨俊十六岁，任山南道行台尚书令，以山南道行军元帅，督三十总管，水陆十余万，屯汉口，为上流节度。在伐陈中，杨俊因军功而使"高祖闻而大悦，下书奖励焉"。然而，后来杨俊"渐奢侈，违犯制度，出钱求息，民吏苦之"。隋文帝派使臣察问此事，与此案"相连坐者百余人"。但是，杨俊非但毫无改悔，反而变本加厉，"盛治宫室，穷极侈丽"，被隋文帝召回京师，因其奢侈而免官。左武卫将刘升劝谏说："秦王非有他过，但费官物营廨舍而已。臣谓可容。"

"法不可违。"文帝回答说。

刘升还是劝谏，文帝愤怒变色，刘升才不敢再谏。后来，上柱国、御史大夫杨素又进谏说："秦王的过错，不应至此，愿陛下详之。"

"我是五个儿子的父亲，何不别制天子儿律？以公之为人，尚诛管、蔡，我诚不及周公远矣，安能亏法乎？"

隋文帝没有答应杨素的请求，至终也没有更改对儿子的处罚决定。

又如大司徒王谊，本是隋文帝的同学，旧交颇深，又是佐命功臣，其子娶文帝第五女。后因犯法，"公卿奏谊大逆不道，罪当死。"隋文帝见王谊，怆然说道："朕与公旧为同学，甚相怜愍，将奈国法何？"（《隋书·王谊传》）

隋文帝为此下诏赐死于家。

由于隋文帝对犯法官员的严加惩治，隋初官员贪污犯法的事情，相对来说是比较少的。

通过御史台这一监察机构来纠察官吏的失职违法行为，是隋文帝整顿吏治的又一内容。例如，李孝贞隋初任蒙州刺史，"吏民安之"。后来不安心于政事，"每暇日，辄引宾客弦歌对酒，终日为欢。"（《隋书·李孝贞传》）不久，被任命内史侍郎，与内史李德林参典文翰。由于不称职，隋文帝发怒而谴责他，并敕令御史弹劾他的过失，将他调任金州刺史。

隋文帝还经常派御史持节巡察州县。据《隋书·柳彧传》记载，柳彧为官清正廉直，不畏权贵，令商贩叹服，杨素怀恨；又曾多次上书言事，被文帝所采纳。隋文帝令柳彧持节巡察河北五十二州，柳彧"奏免长吏赃污不称职者二百余人，州县肃然，莫不震惧。"文帝嘉奖柳彧，"赐绢布二百匹，毡三十领，拜仪同三司。"一年多过后，加员外散骑常侍。隋文帝仁寿初年，柳彧又持节巡察太原十九州，回到京师后文帝又赏赐给他绢布五十匹。

隋文帝在精简地方行政机构、表彰与赏赐良吏、严惩贪官污吏、加强御史弹劾并派御史巡察州县等方面所作出的一些努力，确实收到了实效，使隋初的官场风气和吏治较为清明，连同对中央官制的改革以及对官吏选用、考核和奖惩方面所实行的一系列政策，为隋文帝所实行的其他改革、恢复和发展经济、统一南方和兴盛隋王朝，从组织路线上准备了必要的有利条件。

改革府兵，设国子寺

府兵制度形成于西魏、北周时期，它是北方少数民族部落兵制和汉魏以来汉族征兵制及士兵制在特定历史条件下相融合的产物。

府兵的前身是宇文泰的十二军，它是由原贺拔岳部、李弼部和随从孝武帝元修西入关中的部门宿卫军所组成。十二军的官兵来源，主要来自原六镇（主要是武川镇）的鲜卑军户。六镇军户向往早期部落兵的生活，宇文泰迎合他们这一心理，将魏晋汉族政权长期以来所实行的军民分籍制度与北魏早期实行的八部制度相结合，逐渐地创建出一种新的军事制度，即所谓府兵制度。

宇文泰下令部下官兵一律改为鲜卑姓，部属和将领同姓。这样一来，主将与部属既是血缘上的宗长，又是部落意义上的酋长。全军被分为六军，用以象征六大部，由宇文泰统领。

经过这一改革，军户地位有所提高，有助于提高官兵的士气和战斗力：后来出于扩大兵源的需要，宇文泰又在关陇地区"广募关陇豪右，以增军旅"，把关陇地区的豪强地主拥有的部曲和部分乡兵收编过来，使之隶属于六军。魏文帝大统十二年（546年），"初选当州望，统领乡兵"（《周书·郭彦传》），使府兵制越出了部落兵制的范围，开始把乡兵也纳入府兵系统中。实施的结果，加强了国家政权对地方豪强武装的控制，体现出"兵农合一"的趋势。大统十六年（550年），宇文泰在六军的基础上，对中央直属军进行重新编组，"籍民之有材力者为府兵"，府兵至此已确立。

关于府兵的编制，据《资治通鉴》记载，由宇文泰任总揽，督中外诸军，下属六个柱国大将军，每个柱国大将军下属二大将军，共十二大将军，每个大将军还各统领开府将军二人，共有二十四个开府，每开府各领一军。又《周书》记载，府兵中领兵军官有大都督、帅都督和都督等，府兵的基本组织有军团、旅、队等。大都督为一团的长官，帅都督为一旅的长官，都督为一队的长官。当时的府兵以每府两千人计，共为四万八千人。

宇文邕改革府兵制，一是令府兵半月入伍宿卫，半月入京训练，使其成为名副其实的中央宿卫军，削弱了府兵对柱国大将军的隶属关系，加强了皇帝对府兵的控制。二是招募百姓当兵以扩大兵源。受募为府兵的汉族民户变为府兵户，鲜卑部落兵制的形式因此而日趋淡化。

府兵成立之初，军人不负担其他赋税徭役，家属随军聚居。直至周武帝宇文邕时，府兵因多为六镇鲜卑和关陇豪右的部曲，无有农耕习惯，府兵不参加农业生产劳动，"兵"和"农"是分离的。待至周武帝大量扩大府兵兵源，大量均田制度下的农户充当府兵，情况开始发生变化：这些新加入府兵行列的府兵，虽已编入军籍，但家属却没有集中到军坊中，仍在家乡从事农业生产劳动。因此，按府兵所在地区而划分的军府便应运而生。作战或执勤时，军士入营执行任务；无作战或执勤任务时，则分住于本乡，组成乡团，由军府所属的团主管理。从此，府兵平时参加农业生产劳动，农闲进行军事训练，战时执行作战任务，基本上完成了由兵农分离至兵农合一的转变。

由兵农分离转向兵农合一，是由隋文帝最终完成的。开皇十年（590年）五月乙未日，隋文帝下达诏书说："魏末丧乱，宇县瓜分，役车岁动，未遑休息。兵士军人，权置坊府，南征北伐，居处无定。家无完堵，地无包桑，恒为流寓之人，更无乡里之号。朕甚愍之。凡是军人，可悉属州县，垦田籍帐，一与民同。军府统领，宜依旧式。罢山东、河南及北方缘边之地新置军府。"

这道诏书，回顾了自西魏、北周实行府兵制以来的历史背景，并在新的历史条件下，以诏令的形式对府兵制进行改革，令府兵军士的"垦田籍帐，一与民同"，使府兵与农民同属府于州县，最终从法律上变兵民分治为兵民结合，最终完成了兵农合一，使府兵制与均田制最终结合起来，成为均田制度下的军事制度。

在府兵的统率方面，隋文帝沿用魏、周的十二大将军之遗制，以十二卫即左、右卫，左、右武卫，左、右武侯，左、右领左右，左、右监门，左、右领军等为中央军事管理机关。每卫统领一军，设大将军一人、将军二人，下辖骠骑府、车骑府，分设骠骑将军，车骑将军；再下

为大都督、帅都督、都督，形成了统一的指挥管理系统。十二卫大将军为府兵的最高将领，皆直接隶属于皇帝。

关于十二卫的主要职掌，左右卫是皇帝的内卫，负责宫廷禁御，督率仗卫；左右武卫负责外军宿卫；左右武侯负责皇帝护从，掌车驾出，先驱后殿，昼夜巡察，执捕奸匪；左右领左右负责侍卫左右，供御兵仗；左右监门负责宫廷门禁、警卫；左右领军各掌十二军籍帐、差科、辞讼之事。

平时，十二卫实际上负担宿卫和征战双重任务，宿卫又有内卫和外卫之分。担任内卫任务的将士统称内军，担任外卫任务的将士则统称外军。在府兵中，只有少数将士充任内卫，大多数将士分属于外卫，军人统称为侍官。

战时，由皇帝临时任命行军元帅或行军总管担任最高指挥官，并组成相应的机构，实行统一指挥。如遇大规模的军事行动，例如南下灭陈，因战区范围过大，便分别任命杨广、杨俊、杨素并为行军元帅，由杨广实行统一指挥，下辖九名总管。在对突厥的战争中，李晃被任命为行军总管；进攻吐谷浑时，梁远行被任命为行军总管。这种在"总管"前加"行军"二字的做法，意为战时指挥官，战事结束后自动罢除，与平时各区域的总管并不相同。

十二卫大将军的统一指挥管理，虽然是从西魏、北周的十二大将军之制演变而来，但又有重大的改革：

一是将各种类型的禁兵纳入十二卫系统，通称"禁卫兵"，从而与西魏、北周时期府兵、禁军的自成体系有所不同。

二是把北周时掌握军队实权的上柱国、柱国等职务变为荣誉称号并授予对国家有功勋的人，实际上是剥夺了他们对军队的统率权力，从而使十二卫的统御权完全由皇帝直接掌握。

三是通过使十二卫大将军、将军以及骠骑将军、车骑将军在编制数额上比北周增多的办法，使其品位普遍降低二三级，以削弱、分散将军的权力。

在十二卫之外，又设置东宫率（左右卫率、左右宗卫率、左右虞侯率、左右内率、左右监门率），作为太子的典兵机构。

隋文帝对府兵制度的改革，使府兵制与均田制紧密地结合起来，落实了兵农合一，使隋王朝的武装力量得以加强，并且实现了军事统率权集中于皇帝一人，中央集权因此而得到进一步的加强。

隋文帝对府兵制的改革，是对西魏、北周时期府兵制度的继承和发展，并为唐代所继承。唐朝的中央官署南衙，便是基本上沿袭隋朝的府兵管理体制而使之更趋于完善。承前启后的隋朝府兵制度，在中国军事史占有重要的地位，对后世有着深远的影响。

隋文帝即皇帝位后，非常重视振兴学校。为实现国家对各级学校的有效管理，隋文帝把原隶属太常寺的国学从太常中分离出来，命名为国子寺，作为国家教育部门的最高行政机构。开皇十三年（593年），国子寺改为国子学，大业三年（607年）又改名国子监，并且一直为后世所沿用。

国子寺从太常的隶属下分立出来，作为独立的国家最高教育机构，标志着在中国历史上首次出现专管教育的行政部门，设置了负责全国学校教育的最高长官，这在中国教育史上是一件具有重要意义的大事。

据《隋书·百官志下》的记载，国子寺设祭酒一人，为其最高长官，属官有主簿、录事各一人。除了传统的国子学、太学、四门学外，隋朝又创立了书学、算学和律学（律学属大理寺）等专科类的中央官学，形成了所谓"六学"系统。六学之中，各置博士教授，其中国子学、太学、四门学各置博士一人、助教五人，书学、算学各置博士二人、助教二人。在学的学生人数，国子学一百四十人，太学、四门学各三百六十人，书学四十人，算学八十人。

据《北史·儒林传序》记载，隋文帝于即位之初，倡导文教，设国子寺，使"强学待问之士，靡不毕集"，"京邑达乎四方，皆启黉校。齐鲁赵魏，学者尤多，负笈追师，不远千里。讲诵之声，道路不绝。中州儒雅之盛，自汉魏以来，一时而已。"

然而，隋文帝晚年，又以"设学之理，多而不精"为由，废天下学校，只存国子学一所，则是有违于初衷的失误。

隋文帝创设国子寺，使之成为国家主管教育的最高行政机构，在三学之外，首创书学、算学和律学，使之成为"六学"，是隋文帝对于中国教育事业发展的一大贡献，并为唐王朝所继承发展，对后世有深远的影响。

第五章　除旧布新，锐意改革

第六章
御侮靖边，四海臣服

开皇初年，隋文帝杨坚进行大手笔的改革，意图勾勒出新的帝国轮廓的时候，外敌却四面入侵。为了不再受制于人，杨坚开始御侮安邦。

睦邻政策，部署伐陈

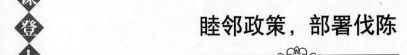

　　杨坚于开皇元年（581年）二月甲子日即皇帝之位，于三月戊子日，任命上开府仪同三司贺若弼为吴州总管，镇守广陵（今江苏扬州市）；任命和州刺史河南人韩擒虎为卢州总管，镇守庐江（今安徽合肥市）。可见，隋文帝即位之初即有南下统一江南的愿望。九月壬申日，隋文帝任命上柱国、薛国公长孙览和上柱国公元景山，并为行军元帅，准备伐陈；任命尚书左仆射高颎节制调度诸军。

　　隋文帝由于刚刚即位，为安定局势，积蓄力量，等待时机，并没有立即对南陈采取军事行动。当时，隋文帝询问南征将帅的人选，高颎推荐贺若弼和韩擒虎，所以把两人安置在南部边境的战略要地，让他们暗中经营策划。

　　隋文帝一方面集中精力实行各项改革，恢复和发展经济，增强军事实力，为日后统一南方积蓄力量；一方面出于权宜之计，对陈国采取睦邻友好政策。例如，每当捕获到陈国的间谍时，总是发给衣服和马匹，按照礼节把他们放回陈国。可是，陈孝宣帝陈顼（xu，音须）还是不禁止陈军侵扰边境，因而引发了隋军大举反击南陈的战争。隋元景山出汉口，派邓孝儒将卒四千攻甑山，陈守将弃城逃走。正在这个时候，陈孝宣帝于开皇二年正月死，陈叔宝继立为帝，是为陈后主。为对陈孝宣帝的病死表示哀悼，隋文帝于二月乙丑日诏令高颎班师，撤回南征军队，并派遣使节赴陈国吊唁，在慰问的书信上自称姓名，末尾有"顿首"的字样。然而陈后主的答谢却非常傲慢，在书信的末尾写道："您的统辖之内，如果一切都治理得很适宜，这样宇宙之内就清平安定了。"隋文帝读信后十分不满，把书信拿给朝廷上的大臣们看，并且向高颎征询攻取陈国的策略。

隋文帝南下灭陈，所面对的是刚刚即位的荒淫天子陈叔宝。为对隋灭南陈有一个全面了解，这里不得不用必要的篇幅对陈叔宝作必要的介绍。原来，陈叔宝继承帝位之时，他们兄弟之间曾有过一场血腥的厮杀。

开皇二年（582年）正月己酉日，陈孝宣帝身患重病，太子陈叔宝与始兴王陈叔陵（陈孝宣帝次子）、长沙王陈叔坚（陈孝宣帝第四子）一同被召入宫中服侍医药。陈叔陵暗中心怀歹意，命令掌管药材的官吏说："切药刀太钝了，要磨得锋快。"甲寅日，陈孝宣帝病死。宫中一片忙乱之时，叔陵命左右亲信到宫外取剑。亲信没有弄明他的意思，给他送来朝服和上朝时装饰用的木剑，陈叔陵因此而大怒。当时，陈叔坚在他身旁，听到些风声，怀疑其中有变故，便留心探察二哥叔陵所作所为。乙卯日，陈孝宣帝尸体入殓，太子因悲哀痛哭而俯卧在地上，这时，陈叔陵抽出切药刀冷不防地向太子叔宝砍去，一刀砍中脖子，叔宝当即倒地。太子的生母柳皇后急忙跑过来救护儿子，叔陵又向柳皇后连砍数刀。太子的乳母吴氏见此情景，急忙从身后拽住叔陵的胳膊肘。这时，刚刚清醒过来的太子也得以乘机爬了起来。叔陵又上前紧紧抓住太子的衣服，太子奋力搏斗，才得以挣脱出去。四弟叔坚上前用力夺去叔陵手中的切药刀，将他拦过去靠在柱子上，用他的折袖将他捆绑在柱子上。这时，乳母吴氏已扶助太子逃离现场。叔坚到处找太子，想要他下道命令，决定叔陵的死活。谁料叔陵力大气粗，奋力扯破衣袖挣脱，并在城中凑集了将近千名士卒，图谋占据东城拒守。

当时，陈国的各路军队都是沿长江驻防，京城内空虚。陈叔坚禀告柳皇后，派太子舍人司马申利用太子的命令征召右卫将军萧摩诃回京。萧摩诃接到敕命后，立即率领骑兵与步兵数百人赶赴东城，驻扎在城西门。陈叔陵惶恐不安，派人对萧摩诃说："大事成功，一定任用您为台城（宫城）的首辅。"萧摩诃用谎言回报说："必须是大王的亲信将领亲自前来，才敢听从命令。"陈叔陵派亲信戴温、谭麒麟到萧摩诃那里，被萧捉起来押送到台城，砍头后示众。

陈叔陵见大事不能成功，进入内室将妃子张氏及宠姜七人沉入井中，带领数百名步骑兵乘小船渡过秦淮河，想直去新林，然后乘船投奔隋朝。但是，陈叔陵一行人在白杨路遭到官军拦截，萧摩诃部下骑兵壮士陈智深向叔陵刺去，叔陵仆倒在地，陈仲华就近砍下叔陵的头，叛乱很快被平定。

丁巳日，太子陈叔宝即皇帝位，是为陈后主，大赦天下。癸亥日，陈后主任命长沙王陈叔坚为骠骑将军、开府仪同三司、扬州刺史；任命萧摩诃为车骑将军、南徐州刺史，封绥远公；任命司马申为中书通事舍人。

乙丑日，尊奉柳太后为皇太后。当时，陈后主创伤未愈，躺在承香殿养伤，不能亲理朝政。皇太后居柏梁殿，朝廷百司的政务都由皇太后裁决，待后主伤愈后再归政于他。丁卯日，封陈后主的弟弟陈叔重为始兴王。

九月丙午日，又任命长沙王陈叔坚为司空，仍任骠骑将军、扬州刺史。

开皇三年（583年），陈后主因为养伤，不能亲理朝政，政事无论大小，均由长沙王陈叔坚决断，权倾一时。陈叔坚骄傲放纵，陈后主因此而疑忌他。朝廷中都官尚书孔范、中书舍人施文庆都厌恶陈叔坚，因此得到陈后主的宠幸。二人朝夕寻找叔坚的短处，到后主那里构陷他。陈后主借着陈叔坚骠骑将军的官号和仪同三司的名义，调他离开京城出任江州刺史，任用祠部尚书江总为吏部尚书。八月，陈后主尚未到江州赴任，陈后主又留任他做司空，实际上是夺去他的实权。十二月丙辰，陈叔坚被免职，心中不快，便设立道场除灾求福。有人上书告发叔坚设立道场，陈后主召见他，并囚禁在中书省，想要杀死他。经过陈叔坚的一番申诉，陈后主才赦免了他，只是免去官职。

开皇四年（584年），陈后主在坐稳了皇帝宝座后，便现出了他那荒淫的本相。他大兴土木，在光昭殿前又建造起临春阁、结绮阁和望仙阁，各高数十丈，连延数十间，装修十分奢侈华丽，阁内设宝床、宝帐，珍宝无数。阁下又堆积石山，引水以为清池，山水之间遍栽珍奇花卉。

陈后主住在临春阁，张贵妃住在结绮阁，龚贵嫔和孔贵嫔住在望仙阁，三阁之间设有阁道连通，交相往来。此外，后宫中的王、李二美人，张、薛二淑媛，以及袁昭仪、何婕妤、江修容等美人，都受到陈后主的宠爱，轮流着到阁上游乐。陈后主还任命宫中有文学才华的袁大舍等人为女学士。而身任宰辅的尚书仆射江总，却不理朝政，整日与都官尚书孔范、散骑常侍王瑳等文人学士十多人，侍奉陈后主在后庭饮宴游乐，君臣之间，不论尊卑上下的等级次序，统称为"狎客"。每次宴会，陈后主让他的妃嫔们、女学士和狎客们一同赋诗，相互赠答，采用其中最艳丽的诗篇，配以新曲，并选出宫女千人，分成声部连续演唱。其中，著名的曲子有《玉树后庭花》、《临春乐》等，内容大都是歌颂嫔妃们的花容月貌。就这样，陈后主同他的臣下、嫔妃们沉湎在歌舞声中，通宵达旦，习以为常。

陈后主最为宠幸的贵妃张丽华，是兵家的女儿，原是龚贵嫔的侍女。陈叔宝发现张丽华后，非常喜爱，封为贵妃，宠幸无比，她为陈后主生了太子陈深。张贵妃生有一头秀发，长有七尺，乌黑发亮，光可照人。她性情灵敏聪慧，神采飞扬，举止娴雅，每当顾盼凝视，两只大眼晴光彩四溢，辉映左右。张贵妃又善于体察陈后主的心意，猜测后主的心思，向后主引进推荐宫女。因此，后宫里的人对她都感恩戴德，在后主面前争相称颂张贵妃的美好和善良。她又假借鬼神祈祷的法术，经常在宫中设置违背礼制的淫祀，聚集一群巫女击鼓跳舞。

陈后主懒于处理朝政，百官们启奏政事，都得通过宦官蔡脱儿、李善度来进呈请示。陈后主常常是半躺在御榻上，依着软囊，让张贵妃坐在膝盖上，一同裁决宦官传递上来的奏章。凡是蔡、李二人记不住的内容，张贵妃则加以梳理，使其有条不紊，没有什么遗漏和欠缺。张丽华又经常访求宫廷以外的消息，凡民间有什么新鲜的传言或新奇的事情，她总是能首先知道，最先禀告给陈后主。因此，张贵妃更加受到后主的宠幸和殊遇，其声望和权势倾倒后宫。宫中的宦官与近臣，内外相互勾结，援引宗族亲戚，卖官鬻爵，买卖狱讼，贿赂公行。朝廷的一切赏罚命令，都取决于后宫；大臣中如有不服从的，便进谗言以加害。于是，张贵妃、孔贵嫔可谓炙手可热，气焰熏灼四方，执掌朝政的公卿大臣们，都奉承依附她们。

朝廷的中书舍人施文庆曾读过很多史书，曾经在东宫中侍奉过太子陈叔宝。他为人聪明敏捷，博闻强记，明悉职官吏治，善于心算，处理事务井井有条，无不合于时宜，因而得到陈后主的宠幸。施文庆又推荐他的好友沈客卿、阳惠朗、徐哲、暨慧景等人，说他们有任官的才能，陈后主都一一听从，破格地提拔任用，任命沈客卿为中书舍人。沈客卿很有口才，能言善辩，又很熟悉朝廷的典章制度和掌故，还兼管金帛局。

按照陈朝旧有制度，凡是军人和读书人都不交纳关市商税，但由于陈后主大兴土木，修建宫殿，穷奢极欲，沉醉于声色之中，致使国库空虚，财政枯竭，又不断兴建宫殿，主管财政的官员叫苦不迭。沈客卿向陈后主请求不问是否为军人或书生，一律责令交纳关市商税，并增加原来的税率。于是，任命阳惠朗为太市令，暨慧景为尚书令、仓都令史。这两个人都是小吏出身，在检查账簿和索取税金时，连毫厘都不放过。这两个人都不识大体，在监督索取上苛刻细碎，贪得无厌地聚敛财富，民众无不嗟叹怨恨。自沈客卿总理督察税收，每年收入国库的税金超出常年的几十倍。陈后主对此十分满意，称赞施文庆知人善任，因此对他更加信任和重用，朝廷的大小事务都委托他处理。施文庆和他的亲信们呼朋唤友，相互引荐，以至于由他们推荐的达官贵人竟有五十人之多。

都官尚书孔范为攫取权力，又与孔贵嫔结成兄妹。陈后主讨厌听别人谈及自己的过失，每当朝政上出现怪事，孔范总是千方百计地文过是非。陈后主因此对孔范很是宠幸，殊遇有加，以至于到了言听计从的地步。群臣凡有敢于向后主进谏的，孔范一律横加罪名，排斥出朝廷之外。

孔范称自己是文武全才，认为朝廷的其他所有官员都比不上他。一次，他从容地禀告陈后主说："朝廷外的将领们都是行伍出身，不过是只能抵挡的匹夫罢了。至于深谋远虑，哪里是他们这些人所能知道的。"陈后主为此向施文庆征询意见，文庆因畏惧孔范，便随声附和，中书通事舍人司马申也表示赞许。此后，南陈的将帅中，稍有过失的便被立即剥夺兵权，分派文官管辖军队，任忠的部曲亲兵被分配给孔范和蔡征。这样一来，文官武将们意志涣散，最终导致了陈朝的灭亡。

开皇五年（585年），陈叔宝为太子时的东宫庶子仆傅縡（zai，音再）被提拔为秘书监、右卫将军兼中书通事舍人。傅縡恃才傲物，意气用事，别人都很怨恨他，于是施文庆、沈客卿一同诬陷他接受高丽国使者贿金。陈后主下令逮捕傅縡，将他关入牢狱。傅縡从狱中上书说："作为国君要恭敬上帝，爱民如子，减少嗜欲，疏远谄媚的小人。天色不亮时便穿戴整齐，准备上朝；天色已晚时甚至忘记了饮食。如此，方能恩泽覆盖天下，福禄流传给子孙。可是，陛下近来贪恋酒色，超出限度，不再虔诚地祭祀天神宗庙，专向昏乱的邪鬼献媚：小人聚集在身边，宦官又玩弄权术，厌恶忠正直谏的大臣，视他们为仇敌，把民众看成如草芥一般……"傅縡的狱中上书，对陈后主即位以来的乱政作了深刻的揭露，并指出如此下去，必将失去东南方的半壁江山。昏庸的陈后主看过上书后，勃然大怒。不久，怒气稍解，派人问傅縡："你能改过吗？如能改过，我想赦免你的罪过。"傅縡拒绝说："我的心如同我的面貌，如果我的面貌能改变，那么我的心也可以改变。"陈后主见傅縡拒不认错，更加恼怒，指使宦官李善庆追查他的过失，定出他的罪名，赐死在狱中。

在隋文帝即皇帝位后励精图治的岁月中，陈后主却在宵小和嫔妃的包围之中，大兴土木，穷奢极欲，日夜沉醉于声色之中，又解除宿将的兵权，诛杀敢于直言忠谏的大臣。

早在隋文帝即位不久，文帝因陈孝宣帝驾崩而派人赴陈国吊唁，并撤回南征的军队。然而，刚刚即位的陈后主在回答的书信中，却对隋文帝出言不逊，致使隋文帝大为不满。隋文帝当时已四十二岁，在政治上已经相当成熟。他没有意气用事，而是从长计议，向谋士、尚书左仆射高颎询问攻取陈国的策略，高颎回答说："江北地区气温偏寒，庄稼成熟稍晚，而江南水田，庄稼早熟。预计在南陈收获的季节，我方征调军士兵马，扬言要过江袭击，他们必然要屯聚兵马进行防守抵御，这就足以使他们耽误收获。当他们兵马聚集起来后，我们便解甲收兵。如果再三地连年如此，他们便会习以为常。此后如果我们真的调集军队，他们得到消息后，必定不会相信我军会真的过江南下。趁他们犹豫的时机，我方大军渡江，登陆后与敌交战，定能士气倍增。再说，江南房舍多用茅草竹木所建，所有的积蓄都不是储藏在地窖之中。如果秘密派人渡江，

谋登大宝

隋朝开国奇谋

乘风纵火烧毁他们的房舍积蓄；如果他们重新建起茅竹屋舍，再派人过江纵火焚烧，如此不出几年的工夫，南陈的储备和财力都将损耗殆尽。"

隋文帝采纳并施行高颎的策略，疲敝和耗损南陈的军事和经济实力，果然奏效，南陈从此开始逐步陷入困境。

隋文帝在实施高颎的策略同时，上柱国、御史大夫杨素，吴州总管贺若弼以及光州刺史高劢、虢州刺史崔仲方等人，争相向隋文帝献平定江南的策略。

崔仲方等人在上书中说："当今只须在武昌（今湖北鄂城）以东至蕲州（今湖北蕲春）、和州（今安徽和县）、滁州（今安徽滁县）、方州（今江苏六合）、吴州（今江苏扬州市）等地再增加精兵，秘密地经营谋划；同时在益州（今四川成都市）、信州（今湖北宜昌市西）、襄州（今湖北襄樊市）、荆州（今湖北江陵）、基州（今湖北钟祥西南）、郢州（今湖北武汉市武昌）等地从速建造战船，大力张扬声势，加紧制造水战的用具。蜀江和汉水是长江的上流，位于水陆交通的要冲，是兵家的必争之地。敌军虽然在流头、荆门、延州、公安、巴陵、隐矶、夏首、蕲口、盆城配了许多战船，但终归要聚集在汉口（今湖北武汉市汉口）、峡口（长江三峡东端，今湖北宜昌市附近）两地，用水战来同我方进行大决战。如果敌人断定我军在上游驻有重兵，令精兵前来增援，那么，我军在长江下游便可以选择时机横渡长江；如果敌人拥兵不动进行自卫，那么，我军在上游便可以擂鼓沿江而下，急速向下游进击。陈国虽然可以自恃有九江、五湖的险阻，可是陈后主不施德政，这些险阻也不会牢固；徒然有三吴、百越的军队，不施恩德于臣民，也就无法自立于当今之世了。"

隋文帝认为崔仲方等人的平陈策略甚为可取，于是任命崔仲方为基州刺史，令他于汉水中游为筹划南下伐陈做好准备。

隋文帝自即位以来，对后梁一直采取笼络政策，后梁事实上已成为隋朝的附庸。开皇七年（587年）八月，隋文帝征召后梁王萧琮入京，萧琮率群臣二十余人自江陵（今湖北）启程北上，于八月庚申江到达京师长安。

九月庚寅日，慧纪率兵抵达江城下。九月辛卯日，萧岩驱使后梁的文武百官及百姓十万人投奔南陈。

隋文帝闻知萧岩率后梁的臣民投降南陈的消息，更加愤怒，对高颎说："我作为天下百姓的父母，难道会因一水之隔而限制住手脚，不去拯救江南的百姓吗？"

于是，隋文帝宣布废除梁国，派尚书左仆射高颎前往江陵地区，安抚聚集梁国的遗民百姓。梁中宗、梁世宗各派十户守冢，岁时祭祀。同时，拜梁主萧琮为上柱国，赐爵莒公。

后梁领地划入隋朝直接统辖，这对于隋朝在长江北岸部署兵力沿江东下伐陈，无疑增添了有利的条件。

隋文帝为萧岩率臣民降陈一事而大怒，下令大造战船，准备攻陈。有人请示说，对伐陈一事要保守军事机密，文帝说："我要大张旗鼓地代天帝实行诛罚，有什么可保守机密的！"于是，隋文帝派人把造船削下来的木片都抛入江水中，宣称：如果他们因惧怕而能悔改，我还要求什么呢？

在隋文帝任命崔仲方为基州刺史、下令在汉水大造战船的同时，又命令信州总管杨素在永安（今四川奉节县）建造特大的战舰，名曰"五牙"，于船上建五层楼，高百余尺。左右前后共安置六大拍竿，用作拍击敌船的战具，各高五十尺。全舰可载八百名战士，船上挂有旗帜。二级战舰称做"黄龙"，可载一百名士兵。其余平乘、舴艋等战舰大小各有差等。

晋州（今山西临汾）刺史皇甫绩将要离京赴任，行前向隋文帝行跪拜礼，说明灭陈有三条理由。文帝请他谈具体看法，皇甫绩回答说："以大吞小，这是第一条理由；以有道伐无道，这是第二条理由；接纳隋的叛臣萧岩使我们师出有名，这是第三条理由。陛下如果命将出征，臣下愿尽微薄的力量。"

隋文帝对皇甫绩加以慰劳，勉励他前往。

开皇八年（588年）正月，南陈派散骑常侍等人访问隋朝，又派遣散骑常侍九江人周罗睺统兵驻扎于峡口，入侵隋朝的峡州（今湖北宜昌市西北）。三月甲戌日，隋派遣兼散骑常侍程尚贤等人访问南陈。同月戊戌日，隋文帝发布玺书披露陈后主的二十大罪状，在江南散发三十万份讨陈诏书，令家喻户晓。

同年十月乙未日，隋文帝在寿春（今安徽寿县西南）设立淮南行省，任命杨广为淮南行台尚书令，代表朝廷在淮南地区行使全权。

陈后主派兼散骑常侍官王琬、兼直散骑常侍许善心访问隋，被隋软禁于客馆。王琬等人屡次请求回国，不被允许。

誓师出征，旗开得胜

开皇八年（588年）十月甲子日，隋文帝下令隋军大举南征，出发前在太庙举行盛大仪式，命令晋王杨广、秦王杨俊、清河公杨素三人分别为三路行军元帅。命晋王杨广从六合（今江苏六合）出兵，秦王杨俊从襄阳（今湖北襄樊市）出兵，清河公杨素从永安（今四川奉节）出

兵；又命令荆州刺史刘仁恩从江陵（今湖北江陵）出兵，蕲州刺史王世积从蕲春（今湖北蕲春）出兵，庐州总管韩擒虎从庐江（今安徽庐江）出兵，吴州总管贺若弼从广陵（今江苏扬州）出兵，青州总管燕荣从东海（今江苏连云港市东南）出兵。远征南陈的大军共有九十名统兵的总管，官兵总计五十一万八千人，全部接受晋王杨广的节制调度。伐陈大军，东起大海，西至巴蜀，在漫长的战线上，旌旗蔽空，战船满江，横亘数千余里。文帝任命尚书左仆射高颎为晋王元帅长史，尚书右仆射王韶为司马，军中大事都取决于高、王二人，由二人处置调度，无有任何阻滞和迟误。

同年十一月丁卯日，隋文帝亲自为南征将士们饯行。乙亥日，大军到达定城（今陕西潼关东三十里），摆开阵势，当众誓师。

十二月，第一路行军元帅晋王杨广率大军到达长江北岸，高颎对淮南行台吏部郎中薛道衡说：“今日大举出兵，江南一定可以平定吗？”

“定能平定。我听说晋朝名士郭璞曾预言说‘江东（即江南）分王立国三百年，当再次与中原恢复统一。’现在三百年为期已满，这是其一；皇上恭俭勤劳，陈叔宝荒淫奢侈，这是其二；国家的安危在于所委任的人，南陈任用江总为宰相，他只是喜好饮酒作诗，提拔小人施文庆，把朝廷的政事全部委托于他，任命萧摩诃、任蛮奴（任忠小名蛮奴）为统兵大将，二人不过是匹夫之勇而已，这是其三：我方得道多助而地域广大，对方失德而地域狭小，估计甲士不会超十万人，在西起巫峡东至大海的漫长战线上，分散布置则势力对比悬殊而兵力薄弱，集中兵力则必将守此而失彼，这是其四。隋军席卷南陈之势，事在必胜，不可迟疑。”

高颎听后高兴地称赞说：“听您分析成败的道理，令人豁然开朗。本来是寄希望于您的才华，想不到您的筹略竟然如此高明。”

第二路行军元帅、秦王杨俊督率各军驻扎在汉口，节制调度长江上游战区的各军。陈后主诏令散骑常侍周罗睺都督巴峡以下沿江诸军，以抵御隋军冲出三峡。

第三路行军元帅、清河公杨素率水军战舰，顺流直下三峡，进军至流头滩（今湖北茅坪境）。陈军将领戚昕，率青龙战舰百余艘、驻军数千人，守卫狼尾滩（今湖北东天溪一带），以遏制隋军的进路。狼尾滩地势险峻，隋军诸将感到难以攻取。

这时，杨素对将士们说："胜负大计，在此一举。如果是白天乘船而下，敌人会看清我军虚实，滩流迅急，人力难以控制，我军则失去顺流而下的优势。"

于是，杨素决定在夜间发起袭击，并亲自率领黄龙战舰数千艘悄悄地顺流而下，派开府仪同三司王长袭率领步兵从南岸袭击另一座营寨；令大将军刘仁恩率骑兵、步兵直扑北岸的白沙，在天亮以前赶到，对陈军发起攻击。戚昕败走，部众全部被俘虏，慰劳一番后全部释放，秋毫无犯。杨素初战告捷后，水军沿江顺流东下，战舰布满了江面，旌旗和盔甲在阳光下交相辉映。杨素稳坐旗舰"五牙"，容貌雄伟，陈军从远处遥望后恐惧地说："清河公（杨素）真是江神啊！"

杨素率水军冲出三峡、顺流东下之时，南陈沿江守将不断将失利的战报上奏朝廷，执掌朝政的施文庆、沈客卿却把情报全部压下，不向陈后主禀告。

在此以前，陈后主因为萧岩、萧瓛都是后梁的宗室，对于他们的率众来降，心中有所疑忌，所以把他们带来的部众疏散到远方，任命萧岩为东扬州（今浙江绍兴）刺史，萧瓛为吴州（今江苏扬州市）刺史。派领军任忠出任吴兴郡（今浙江吴兴）太守，来牵制东扬州和吴州。任命南平王陈嶷镇守江州（今江西九江市），永嘉王陈彦镇守南徐州（今江苏镇江市）。不久，陈后主又召南平王陈嶷、永嘉王陈彦回京城参加新年元旦的朝会，并命令沿长江各据点的舰船都随从南平王、永嘉王回到京城建康（今江苏南京市）。陈后主的这一调令，是向率众投奔南陈的后梁萧岩、萧瓛显示自己的力量和威风。然而，这样一来，长江中游再无一条南陈的战船，南陈长江上游各州的驻军都被杨素的大军所阻隔，不可能赶来增援下游。

南陈湘州（今湖南长沙市）刺史、晋熙王陈叔文，任职湘州已有很长时间，深得人心。陈后主因为他据有长江上游地区，心中颇为疑忌；又考虑到自己平素对群臣缺少恩惠，担心晋熙王不听使用，一时选不出可以信任的人。于是陈后主便提拔施文庆出任都督、湘州刺史，调配给他两千名精兵，想要令他西上抵挡隋军，征召陈叔文卸职还朝。施文庆对于陈后主的这一提拔任用，当然十分高兴，然而又担心离京出任后，权臣抓住自己的短处，因而推荐他的同伙沈客卿代替自己来执掌政务。

在施文庆离京赴任前，他与沈客卿二人共掌朝廷机密。护军将军樊毅对仆射袁宪说："京口（今江苏镇江市）、采石（今安徽马鞍山市南）都是军事要地，各自需用精兵五千镇守，并配备金翅战船两百艘，分守沿江上下，作为防备。"

袁宪和骠骑将军萧摩诃都认为樊毅的意见很正确，便与文武群臣共同商议，要求按照樊毅的意见部署兵力。但是，施文庆担心没有精兵跟随自己西上，不利于自己出任湘州刺史；而沈客卿又认为施文庆离京出任，有利于自己的专权，于是二人便说："诸公一定有所议论。不必面见皇上陈述，只需写出奏章，便当即向皇上通奏。"

袁宪等人信以为真，施、沈二人在代呈朝臣奏章时，乘机对陈后主说："朝臣所奏请的，本是件平常的事情，只需边城的将帅便足以抵挡隋军，如果南京城向京口、采石派遣战舰和精兵，必定要引起不必要的惊扰。"

昏庸的陈后主果然听信了施、沈二人的意见，没有向京口、采石派出战舰和精兵。

待到隋朝大军临近长江北岸的时候，情报人员频频报知，袁宪等人再三恳求朝廷派出精兵和战舰以加强防务，施文庆却说："元旦的朝会日期已经逼近，南郊祭天的大典，太子等许多人都要随从前往，今日如果调精兵出京，南郊祭祀大典恐怕要有废缺。"

陈后主不赞同施、沈的意见，说道："今日从京城调出精兵，如果北边无战事，让水军随从参加南郊的祭典，有什么不可以的？"

"如果不出兵，风声传至邻国边境，便会认为我们国势衰弱。"陈后主又补充说。

施文庆见自己的阴谋不被皇上认可，便用财物贿赂宰相江总，江总从中为施文庆游说。陈后主想违心听从施文庆的意见，又迫于群臣的一再请求，便交付朝廷议论此事。宰相江总压抑袁宪等人的意见，因此议论久而不决。这时，陈后主却说："帝王之气在于东南，北齐大军曾三次来犯，北周也曾两次大举进兵，没有一次不是被我军击败的。这次隋军前来，又能有什么作为！"

都官尚书孔范附和说："长江天堑，自古以来便是南北的阻隔，今日北方的胡虏之军难道能飞渡长江不成？边境的守将想要建立自己的功劳，胡说军情紧急。臣每每忧虑自己官位低下，敌人如果渡过大江，我一定建功业当上太尉公了！"

这时有人在一旁胡说隋朝的战马已经死了很多，孔范便口出大话，说道："隋军战马如果渡江，必不得北归，定能全部归我所有，怎么会死呢！"

陈后主听了孔范的狂言，大笑着认为讲得很对，因而对隋军的南下没有作出认真的防备，仍然在后宫饮酒作乐，沉醉于声色之中，赋诗不止。

开皇九年（589年）正月初一，陈后主朝会群臣。当日，大雾弥漫，陈后主因此而昏睡，一直到傍晚时分才醒了过来。

正是在这一天，行军总管贺若弼从广陵率大军横渡长江。在此以前，贺若弼为麻痹敌人，故意用老马换取陈人的船只并收藏起来，又买了五十艘破旧的船，停泊在江边之上。陈军探子侦察到这些表面现象，误以为中原无战船。贺若弼又要求沿江防守的士兵每到换防的时候，都必须集中到广陵去，并且多多地张设旗帜，军营幕帐遍布山野。陈军误以为隋兵要大举进攻，急忙发兵防备。后来，陈军才知道这是隋军在换防，便又将兵力分散开来。后来，南陈对隋军的聚而复散，习以为常，不再进行防备。贺若弼又派兵沿江打猎，人马喧闹鼓噪，使南陈的军队对此全不在意。

正是这些麻痹敌人警觉策略的奏效，所以这次贺若弼率大军横渡长江，南陈的守军竟然没有发觉。

与此同时，庐州总管韩擒虎率五百精兵趁黑夜于横江浦（今安徽和县东南）偷渡长江，袭击采石。采石守军当时正酒后大醉，韩擒虎将他们全部擒获。

这时，晋王杨广统率大军驻扎在六合镇桃叶山（今江苏浦口北）。

正月丙寅日，南陈采石守将徐子建急速报告军情，请求救援。第二日，陈后主召集公卿商议军事防务。第三日，陈后主下诏书说："隋军侵凌，进犯窃夺我南郊土地，犹如蜂虿（máo，音毛）毒虫侵入，应及时扫灭。朕当亲帅六师，肃清八方，京城内外一同戒严。"

于是，任命骠骑将军萧摩诃、护军将军樊毅、中领军鲁广达，同为统兵都督；任命司空司马消难、湘州刺史施文庆并为大监军；派南豫州刺史樊猛率领水军战舰自白下（今江苏南京市金川门外）出击；派散骑常侍皋文奏率领军队镇守南豫州（今安徽当涂）。重新制定并提高奖赏有功将士的赏赐标准，征召全部僧人、尼姑、道士参加修筑城防工事。

正月庚午日，贺若弼的渡江大军已攻占南岸的战略重镇京口，活捉南徐州刺史黄恪。贺若弼的军队纪律严明，秋毫无犯。有的军士到民间买酒，被贺若弼以违反军令罪而立即斩首。贺若弼将俘获的南陈军士六千人全部释放，好言安慰并发给旅途口粮，分发给每人一份伐陈诏书，让他们在归乡途中分路相互转告。因此，贺若弼大军所到之处，陈人都闻风归附。

南陈的南豫州刺史樊猛还在建康城中，他的儿子樊巡代理南豫州事务。辛未日，韩擒虎率大军进攻姑孰（今安徽当涂），半日便攻克城池，活捉了樊巡及其家属。江南父老平时就闻知韩擒虎的威望，到军门前来拜见的人络绎不绝。

南陈都督鲁广达的儿子鲁世真在新蔡（今河南新蔡县）防守，在姑孰失守之时，同他弟弟鲁世雄及其所部人马投降于韩擒虎，韩擒虎派使者持书信致鲁广达。鲁广达当时驻守建康，为儿子向隋军投降一事自我弹劾，亲自到廷尉那里请罪。陈后主对鲁广达慰劳一番，加赐黄金，派他回军营主持防务。

樊猛与左卫将军蒋元逊统率青龙战舰八十艘于白下江面巡逻。以防御从六合渡南下的隋军。陈后主因为樊猛的妻子被虏于隋军，担心他另有打算，想要使令镇东大将军任忠取代樊猛的都督职务，派萧摩诃逐渐地向樊猛说明，樊猛为此很不高兴。陈后主怕挫伤樊猛，也就没有令任忠取代他的都督职务。

同时，贺若弼自北路、韩擒虎自南路并进，沿江陈军守卫部队望风逃走。贺若弼分兵截断曲阿（今江苏丹阳）的要冲而攻入陈境，陈后主命司徒陈叔英驻扎在朝堂，萧摩诃驻扎在乐游苑，樊毅驻扎在耆阇寺，鲁广达驻扎在白土冈，孔范驻扎在宝田寺。乙卯日，任忠率军自吴兴（今江苏吴兴）开入京城，仍驻守在朱雀门。

辛未日，贺若弼进军占据钟山（即紫金山，今南京市区东），驻扎在白土冈的东面。晋王杨广派总管杜彦与韩擒虎两军合在一起，两万步骑兵驻扎在新林（今江苏江宁西）。蕲州总管王世积率水军出兵于九江，在蕲口（今湖北蕲州西北）击败陈将纪填的水军，陈人大为惊骇，有人陆续向隋军投降。

晋王杨广把出师告捷的战报上报隋文帝，文帝十分高兴，为此而宴请群臣。

此时，陈都建康城中尚有精锐部队十余万人。陈后主一向懦弱，又不懂得军事，只知道日夜哭泣，朝廷诸事一律委任施文庆处理。施文庆知道众将领记恨自己，唯恐他们建立功劳，便上奏陈后主说："这些将领们心怀不满，平素都不服从朝廷，在这紧迫的时刻，怎可完全相信他们！"从此，诸将领凡是有所请示，都不能得以施行。

在贺若弼进攻京口的时候，萧摩诃请求率兵迎战，陈后主不予允许。待到贺若弼进军钟山，萧摩诃又请示说："贺若弼孤军深入，壁垒沟堑尚未坚固，出兵袭击，必定能够取胜。"陈后主又是不予允许。

后主于内殿召萧摩诃、任忠商议军事，任忠说："按照兵法，客军贵在速战，主军贵在坚持慎重。如今国家兵足粮足，应固守京城，沿秦淮河设立栅寨，北军虽然来攻，不与他们交战，分兵切断敌兵的归路，不使敌军互通消息。拨给臣精兵一万，金翅战船三百艘，顺流而下，直接袭击六合。如此一来，敌兵必定认为已经渡江的将士已经全部被我俘获，自然锐气受挫。淮南地区的居民以往与臣熟悉，如今闻知臣率军前往，必定闻风响应。臣又扬言想要杀往徐州（今江苏徐州市），断绝隋军的归路，如此北方的各路军马将不攻自退。待春季到来后江水上涨，上游周罗睺等各路军队必定沿江增援，这才是迫使敌军退兵的良策。"陈后主对任忠的这一策略也不予采纳。

第二天，陈后主忽然说道："兵事长久不能作出决断，令人心中烦恼，可传呼萧郎（摩诃）率军出击。"

任忠苦谏，请求万万不可出战。这时，孔范却上奏说："请与隋军决一死战，臣当为陛下刻石记载战功！"

陈后主听从了孔范的意见，对萧摩诃说："您可以为我同隋军决一死战。"

"从来领兵作战，都是既为国家，也是为了自身。今日出兵决战，同时也是为着解救被掳的妻儿老小。"萧摩诃回答说。

陈后主拿出很多金帛交给各军充当赏赐。甲申日，后主派鲁广达布阵于白土冈，处在各路军的南面，往北依次是任忠的军队、樊毅的军队、孔范的军队，萧摩诃的军队在最北面。南陈的军队南北横贯二十里，但首尾进退却相互联系不上。

贺若弼率领轻骑登上钟山，望见南陈布阵的诸路军马，便立即从山上急驰而下，与部下的八千人，严阵以待。陈后主与萧摩诃的妻子私通，所以摩诃无有心思作战；唯有鲁广达率领部下奋力作战，与贺若弼的实力相当。隋军多次退却，贺若弼部下战死二百七十三人，贺若弼施放浓烟来隐蔽自己，摆脱困境而重新振作起来。陈军每得敌兵人头，都争着跑去向陈后主领赏。贺若弼得知陈军骄惰轻敌，再次领兵直攻孔范。孔范的士兵刚刚交战便退走，南陈各支军队见此情景，混乱溃逃，不可制止，死者多达五千人。隋军总管员明活捉了萧摩诃，送交贺若弼，贺若弼命令部下将萧摩诃推出斩首，见萧摩诃临死不惧，神色自如，贺若弼将其释放，以礼相待。

当时，陈国的宗室王侯在建康者有百余人。陈后主担心他们叛变，便把他们召集在一起，令他们住在朝堂，让豫章王陈叔英监督他们。待到台城失守，他们都相继向敌军投降。

贺若弼乘胜进军，到达乐游苑。这时，鲁广达还在督率余下的士兵苦战不止，杀死、俘获数百名隋军。直到日暮天黑，鲁广达才下令解甲休息，面向台城再拜而痛哭流涕，对部下说："我一息尚存而不能拯救国家，负罪深重啊！"

士卒们都哭泣哀叹，最终束手就擒。

任忠急驰进入宫城，面见陈后主报告兵败的具体情况，说道："皇上好自珍重，我是无能为力了！"

陈后主给任忠两袋子黄金，命他招募士兵出战。任忠说："陛下只有准备船只，到上游依靠那里的大军才是出路，臣甘愿拼死侍奉护卫。"

陈后主相信任忠，敕令他出外部署安排，让宫人装束以待出发。等待好久仍不见任忠到来，陈后主感到有些奇怪。当时，韩擒虎从新林进军攻击建康，任忠已带领数名骑兵赶到石子冈（今南京市雨花台）投降。南陈领军蔡征正领军守卫朱雀门，听说韩擒虎率兵即将到达，兵士因惧怕都望风而逃了。任忠投降后引导韩擒虎率兵直入朱雀门，陈人想要与隋军交战，任忠向他们挥手说："老夫尚且投降了，你们还抵抗什么！"

陈军士兵闻言后都立即逃散。于是，城内的文武百官都争相逃走，唯有尚书仆射袁宪还留在殿中，尚书令江总等数人仍居于省中。陈后主对袁宪说："我从来对待卿不如对待别人，今日深感追悔不及，这不只是朕无有德政，也是江东士人丧尽了节义。"

隋军进入朱雀门，陈后主惊慌失措，想要逃走并躲藏起来，袁宪严肃地对他说："北方兵马入殿，必定会无所侵犯，如今大事既已如此，陛下还想到哪里去安身？臣希望陛下端正衣冠，坐在正殿之上，依照当年梁武帝见侯景的故事去做。"

陈后主没有听从袁宪的意见，下了御榻后便急驰而去。他说："锋刃之下，未可交当，我自有办法。"

陈后主和十余名宫人出了景阳殿，想要投井自尽，袁宪苦谏劝阻，后主不听。掌管宫内事务的后阁舍人夏侯公韵用自己的身体挡住井口，陈后主与公韵争执好久，才得以跳入井中。不久，隋军进入殿庭，向井中窥视并且大声呼喊，井下无人答应。这时，军士扬言要向井中投石头，这才听到有人喊叫。于是，军士向井中投入一根绳子。在向上提引的时候，军士因为沉重而感到惊奇。待到拉上来一看，陈后主是把自己同张贵妃、孔贵嫔都系在同一条绳子上了。而沈皇后却像往常一样居于宫中，并不惊慌。太子陈深年方十五岁，闭阁门而坐，太子舍人孔伯鱼在一旁侍奉。隋军士叩阁门而进入，陈深安坐如故，向隋军士慰劳说："一路行军，不疲劳吗？"隋军士都向太子致敬。

宫城中各门的守卫士卒见大势已去，都争相逃走。贺若弼连夜放火烧毁北掖门，进入宫城。闻知韩擒虎已擒获陈叔宝，命人把他呼唤出来瞧看。陈叔宝惊慌恐惧，汗流满面，浑身颤抖，向贺若弼一再叩拜。贺若弼对陈叔宝说："小国之君相当于大国的公卿，叩拜是合于古礼的。你到了隋朝后，也不失为作归命侯，无须恐惧。"

不久，贺若弼觉得自己的功劳比不上韩擒虎，与韩擒虎争吵起来，拔刀而出，想要使令蔡征替陈叔宝写降书，夺取陈叔宝乘坐的骡车归己所有，未能如愿以偿。因此，贺若弼把陈叔宝押在德教殿中，派自己部下的士兵看守起来。

高颎比杨广先进入建康城，高颎的儿子高德弘为晋王杨广的记室，杨广派德弘急速赶到高颎那里，令高颎将张丽华留下。高颎说："当年

第六章　御侮靖边，四海臣服

姜太公蒙面斩商纣王的宠姬妲己，今日怎可留下张丽华！"

于是，高颎在青溪将张丽华斩首。高德弘向晋王杨广回报此事，杨广气得变了脸色，说道："古人说'无德不报'，我必定有办法报答高公！"

从此，杨广对高颎心存怨恨，准备伺机报复。

戊日，晋王杨广进入建康城，因施文庆接受陈后主委任而不忠诚，巧言谄媚以蒙蔽君主的耳目；沈客卿向百姓重赋厚敛，以此来取悦于主上；太市令阳惠朗、刑法监徐哲、尚书都令史暨慧景，为害于民，下令将五人斩于石阙，向三吴的百姓谢罪。派高颎和元帅府记室裴矩收取南陈的图籍档案，封存府库，资财一无所取。天下人都称颂杨广，以为他贤明。

杨广因贺若弼在预定日期以前率兵与陈军作战，违犯了军令，将他逮捕并交给主管官吏。隋文帝闻知后，传令驿站召贺若弼入京，并在下达给杨广的诏书中说："平定江南，得力于贺若弼和韩擒虎。"

于是赐给布帛万匹，又赐予贺若弼与韩擒虎诏书，赞美他们平陈的功绩。

王僧辩的儿子、开府仪同三司王颁，趁黑夜发掘陈高祖（陈霸先）的坟墓，焚烧了他的尸骨，将骨灰投入水中而喝下，以报陈霸先杀害先父之仇。不久，王颁绑缚自己，向晋王杨广请罪。杨广将此事上报朝廷，隋文帝赦免了他，诏令对陈高祖、陈世宗、陈高宗的陵墓一共拨五户人家守冢，岁时祭祀。

隋文帝派人将陈国灭亡的消息告诉在京的陈国使臣许善心。许善心闻讯后于西阶之下，身穿丧服，放声痛哭，在草垫上面向东方默坐三天，寄书信向陈后主表示慰问。第二天，隋文帝诏令许善心回到客馆，任命他为隋通直散骑常侍，并赐给一套衣服。许善心大哭以尽表哀痛之心，然后入房更换衣服，出来后面北而立，垂泪而接受隋文帝的诏书。过了一日，许善心朝见隋文帝，伏泣于殿下，悲哀得不能站立起来。隋文帝回顾左右，对大臣们说："我平定陈国，只获得这样一位人才，既然能怀念自己旧日的君主，当然也就是我的忠臣了。"敕令许善心以通直散骑常侍的官职到门下省任职。

当第一路行军元帅、晋王杨广所统率的大军攻占建康的时候，南陈的水军都督周罗睺与郢州刺史苟法尚率兵据守江夏（今湖北武昌）。第二路行军元帅、秦王杨俊督率三十名总管共水陆十余万人驻扎在汉口（今湖北汉口），受陈兵阻隔，不得前进，双方相持了一个多月。陈荆州刺史陈慧纪派南康内史吕忠肃驻守岐亭（长江西陵峡口，今湖北宜昌市西北），控制着江峡，并在江北岩岸上凿出石孔，于两岸之间联接三条铁锁链，用来横江拦截上游江面顺流而下的隋军战船。吕忠肃将自己的全部私财献出来充当军费，深得将士人心。

从上游顺流而下的第三路行军元帅杨素，以大将军刘仁恩向吕忠肃守军奋力发起攻击，交战四十余次，吕忠肃据险固守，隋兵死者五千余人，陈军士兵争相割取死难隋军将士的鼻子，向吕忠肃求得功劳赏赐。不久，隋军开始屡获胜利，将俘获的陈军士兵再三释放回去。吕忠肃放弃营栅逃走，杨素除掉拦江的三条铁链。吕忠肃又据守延州（在今湖北宜都西北的荆门山附近），杨素派来自巴（今四川重庆地区）中的蛮族士兵千余人，乘"五牙"（一级大型战舰）战舰四艘，用拍竿击碎陈军的战船十多艘，于是大败陈军，俘虏甲士两千余人，吕忠肃只身逃走。陈信州刺史顾觉驻守安蜀城（今湖北宜昌市西北），弃城逃走。陈慧纪驻守公安，焚烧全部积蓄，领兵东下。于是，巴陵（今湖南岳阳市）以东，再也无有守卫城池的陈军。

陈慧纪率领将士三万人，楼船千余艘，沿江顺流而下，想要救援建康，被秦王杨俊所阻挡，不得前进。这时，陈晋熙王陈叔文被免除湘州刺史职务，在返回的途中，于巴州（治所在巴陵）被陈慧纪推戴为盟主。而陈叔文此时已率领巴州刺史毕宝等人向秦王杨俊致书请求投降，杨俊派使者迎接慰劳陈叔文。待到建康被隋军攻克，晋王杨广命令陈叔宝以手书招降上游陈军诸将，派樊毅到周罗睺那里传达旨意。当时，上游守城的陈军都解甲投降，周罗睺与部下众将领为牺牲的陈军将士哭吊三天，将部队解散，然后到杨俊那里投降。陈慧纪此时也率军投降。至此，长江上游已全部平定。

杨素率第三路大军顺流而下，到达汉口，与杨俊会合。隋蕲州刺史王世积驻兵蕲口，闻知陈国已亡，向江南诸军传递文书告谕，于是江州（今江西九江市）司马弃城逃走，豫章（今江西南昌市）等诸郡的太守都到王世积那里投降。

正月癸巳日，诏令派使者巡视安抚原陈国的州郡。

二月乙未日，宣布废除淮南行台省。

陈吴州刺史萧瓛体谅民情，深得人心。陈灭亡后，吴地人推戴萧瓛为国主。隋右卫大将军宇文述率行军总管元契、张默言等人前往讨伐。隋燕荣率水军自东海赶来，接受宇文述的调遣。陈君范自晋陵赶来投奔萧瓛，合兵抵拒宇文述。

在宇文述的大军即将到来之前，萧瓛于晋陵城东设立营寨，留下部分士兵抵拒宇文述；派部将王褒守卫吴州，萧瓛本人则自义兴（今江苏宜兴）进入太湖，想要从后面袭击宇文述。宇文述进兵攻破晋陵城东的营寨，迂回袭击萧瓛，萧瓛被打得大败。宇文述又派兵从另一条道路袭击吴州，王褒穿上道士的衣服弃城逃跑。萧瓛率领余下的部众退守太湖中的包山，被燕荣的军队击败。萧瓛带领几名亲信隐藏于百姓家中，被人捉拿。宇文述进军到奉公埭，陈东扬州刺史萧岩于会稽献城投降。萧瓛和萧岩被押至长安,一同被斩首。

杨素率大军攻到荆门的时候,派副将庞晖率兵攻城掠地,南下到达湘州(今湖南长沙市)。城中守城将士,无有固守的心思。湘州刺史、岳阳王陈叔慎,时年十八岁,设酒召集文武官吏。饮酒尽兴的时候,陈叔慎感叹地说:"陈朝君臣之间的大义,到此就算结束了吗?"

长史谢基伏在地上流涕,湘州驻防官、遂兴侯陈正理也在座,于是站起来说道:"主上受辱,臣下死节。难道诸位不是陈国的臣子吗?如今天下有难,正是我们为国效命的时机。即或是不能成功,也能表现出我们作为臣子的气节。今日的时机,不可犹豫,后响应者斩首!"

众官员均表示答应,于是杀牲盟誓,派人向庞晖递交诈降的书信。庞晖相信了,按约定日期入城。陈叔慎事先埋伏甲士,庞晖到来后立即将他逮捕,砍头示众。随同前来的士兵也都遭到杀害。陈叔慎坐在射堂上召集士兵,几天当中,聚集了五千人。附近的衡阳太守樊通、武州刺史邬居业都请求发兵救援。隋新任湘州刺史薛胄率兵赶到,与行军总管刘仁恩合兵共击,陈叔慎派部将陈正理与樊通合兵抵拒,被隋军击败。薛胄乘胜攻入城中,俘获陈叔慎。刘仁恩于横桥击败邬居业,将他俘获。二人一同被押至秦王杨俊处,斩首于汉口。

衡州(今湖南衡阳市)司马任瑰劝说都督王勇占据岭南,寻求陈氏的子孙后代,立为皇帝。王勇没有听从,率部下投降隋军,任瑰不得不弃官逃走。

于是,陈国全境皆被平定,隋得三十州、一百郡、四百县。隋文帝诏令将建康城邑宫室全部夷为平地,开垦耕种,改在石头城(今南京市清凉山)设置蒋州。

晋王杨广奉命班师回长安,留王韶镇守石头城,委任他处理善后事宜。

开皇九年(589年)三月己巳日,陈叔宝及其王公百官一同从建康出发，被押送京师。亡国的君臣老小，行走在通往长安的大路上，前后断断续续的，有五百里长。隋文帝下令暂且将长安城中一部分士民的住宅腾出来，等待陈叔宝一行人到来后使用。民宅经过内外的修整，焕然一新。隋文帝还派使者到城外迎接、慰劳。

四月辛亥日，隋文帝驾临骊山，亲自慰劳凯旋归来的远征大军。乙巳日，诸路远征军凯旋入城，在太庙按古礼举行了献俘的仪式，陈叔宝及其诸王侯将相同时乘车、奉图籍等按次序排列，并在铁甲骑兵的包围之下，跟随在晋王杨广、秦王杨俊的后面，排列在庙廷之下。隋文帝任命杨广为太尉，赐予辂车，乘马、衮冕之服、玄圭、白璧。

丙辰日，隋文帝坐在广阳门观阙上，下令将陈叔宝引至面前，同被召见的还有原陈国的太子、诸王二十八人，司空司马消难以下至尚书郎，共有二百余人。隋文帝命纳言宣读诏书慰劳他们，然后又命内史令宣读诏书，责备陈国君臣不能相辅佐，以致导致陈国灭亡。陈叔宝及其群臣都惭愧恐惧地伏在地上，屏住了呼吸，无言答对。最后，隋文帝还是赦免了他们。

当初，隋文帝的父亲杨忠迎司马消难，与消难结为兄弟，友情深厚，文帝以对待叔父的礼节侍奉他。等到隋军平定南陈，司马消难被押送到长安，隋文帝特地赦免他死罪，只是发配为乐户，二十天后又免除处分，仍然按着旧日的恩情引见。不久，司马消难在家中去世。鲁广达念及本朝的沦亡，伤感过度，患病后又不肯治疗，愤慨地死去。

庚戌日，隋文帝亲临广阳门，宴请将士，从门外一直到南郭城的大道两旁堆满了布帛，按功劳等级给予不等的赏赐，共用去三百余万匹布帛。原陈国境内，十年免征徭役，其余州县免除当年的租赋。

乐安公元谐在宴赏大会上对隋文帝说："陛下的威望美德被及远方。臣下先前曾请求任命突厥可汗为候正，任命陈叔宝为令史，今日可

谋登大宝

隋朝开国奇谋

按臣下的话办了。"

隋文帝回答说："朕平定陈国，本是为了铲除恶逆，不是想要夸耀虚妄。您所启奏的，实在不是朕的本意。突厥不了解山川形势，怎能担任报警的候正；陈叔宝整日昏醉不醒，怎能堪任驱使！"

元谐闻听后，哑口无言地退下去了。

辛酉日，晋封杨素为越公，任命他的儿子杨玄感为仪同三司，另一个儿子杨玄奖被任命为清河郡公，赏赐给他们布帛上万匹，粟米万石。

隋文帝命贺若弼登上御座，赐给布帛八千段，加官位为上柱国，晋爵为宋公。又多赐给他金银宝物，并把陈叔宝的两个妹妹赐给杨素、贺若弼为妾。

贺若弼和韩擒虎在隋文帝面前争功，贺若弼说："臣领兵在钟山与陈军殊死决战，大败敌军精锐士卒，擒获陈军的骁将，震威扬武，于是平定陈国。韩擒虎很少与陈兵交战，怎能和臣下相比。"

韩擒虎也毫不相让地说："本来接到明确的指示，令臣下与贺若弼合兵同时出击，以夺取南陈建康。然而，贺若弼敢于在预期前出兵，遇敌便与之交战，致使将士死伤甚多。臣只率轻骑五百人，兵不血刃，直取金陵（即建康），降服任蛮奴，活捉陈叔宝，占据南陈府库，捣毁敌人巢穴。贺若弼到傍晚才敲打北掖门，臣开门让他进入宫城，他挽救自己的罪过还来不及，怎能与臣下的功劳相比？"

隋文帝说："二位大将都建立了大功勋。"于是，晋韩擒虎为上柱国，赐布帛八千段。有关官员弹劾韩擒虎放纵士卒淫乱陈宫，因此负有罪责，不再给他加封爵位。

高颎因军功受到重赏，加上柱国官号，晋爵为齐公，赐布帛九千段。隋文帝慰劳他说："你在伐陈后，有人说你想要谋反，朕已经把这个人杀了。君臣之间以道相合，并非是谗言所能离间的。"

隋文帝命高颎与贺若弼议论平定南陈的事，高颎说："贺若弼首先献平陈的十条计策，后来又于钟山苦战破敌。臣不过是个文官而已，怎敢与大将议论功劳！"

隋文帝闻言大笑，称赞高颎有谦让的风范。

隋文帝在伐陈前，派高颎向上仪同三司李德林询问平陈方略，因而授权晋王杨广统辖全军。至此，文帝赏赐李德林，授予柱国、封郡公，赏布帛三千段。有人对高颎说："今日归功于李德林，众将领必定愤慨不满，况且后世人会认为你在平陈中无有作为。"高颎向隋文帝谈及此事，才停止对李德林的赏赐。

秦王杨俊被任命为扬州总管四十四州诸军事，镇守广陵（今江苏扬州市），晋王杨广仍回并州（今山西太原市西南）任职。

晋王杨广在建康诛杀陈国的五个佞臣施文庆、沈客卿、阳慧朗、徐哲、暨慧景，当时尚不知道都官尚书孔范、散骑常侍王瑳、王仪、御史中丞沈瓘的罪恶，所以将他们放过了。待到他们随陈后主来到长安，事情败露。乙未日，隋文帝将他们发配到边远地区，以此让他们向吴越人民服罪。王瑳刻薄贪鄙，嫉恨陷害有才能的人；王仪巧言谄媚，向后主献出两个女儿以求得亲幸；沈瓘阴险苛酷，出言邪恶谄媚，因而上述三人同孔范一同被治罪。

隋文帝给予陈叔宝的赏赐很丰厚，多次接见他，给予同三品公卿的待遇。每当有陈后主参加的宴会，不奏吴地的音乐，以免引起他的伤心。后来，负责监守陈叔宝的人报告说："陈叔宝说自己无有官职品位，经常参加朝廷集会，愿赐给一个官号。"

"陈叔宝这个人完全没有心肝。"隋文帝说。

"陈叔宝经常饮酒大醉，很少有清醒的时候。"监守人又向隋文帝禀报。

"能饮多少酒？"文帝问。

"他与子弟们每日饮酒一石。"监守答。

隋文帝闻言大惊，派人让陈叔宝节制酒量。不久，文帝又下令说："还是任其饮酒吧，不然的话，他靠什么过日子呢？"

隋文帝认为陈氏家族的子弟甚多，担心他们在京城中为非作歹，便把他们分别安置在边远的州县，给予他们田地和产业，使他们能够得以谋生，每年按时赐给衣服，使他们能安然度日。

隋文帝任命原陈尚书令江总为上开府仪同三司；任命原陈尚书仆射袁宪、原骠骑将军萧摩诃、原领军任忠等人，皆为开府仪同三司；原吏部尚书姚察被任命为秘书丞。隋文帝欣赏袁宪高尚的品行与情操，下诏书将他列于江南群臣之首，任命他为昌州刺史。文帝又闻知原陈散骑常侍袁元友多次向陈叔宝直言正谏，提拔他为吏部的主爵侍郎。隋文帝说："平定陈国的当初，我后悔没有诛杀任蛮奴（即任忠）。此人受国君的殊荣和俸禄，又受陈主的国事重托，却不能以死殉国，说什么自己已经无能为力，这同春秋时为卫懿公献身殉国的弘演相比，相差何等遥远！"

隋文帝又召见原陈国水师都督周罗睺，安慰并晓谕他，许诺给他以富贵。周罗睺垂泪回答说："臣蒙受陈氏的优厚待遇，本朝沦亡，自己无有什么节操可言。现得以免于一死，这已是陛下的恩赐，怎敢还希望得到富贵！"

贺若弼对周罗睺说："闻知您在鄀州、汉水握有重兵，我就知道扬州可以攻取。后来，王师果然顺利渡江攻下建康，果然如同我所预料的那样。"

"如果有机会与你周旋，谁胜谁负还尚未可知。"周罗睺也毫不谦逊地直言回答。

不久，周罗睺被任命为上仪同三司。在此以前，陈国将领羊翔降隋，隋军伐陈时，令羊翔担任向导。后来，被隋任命为上开府仪同三司，品位在周罗睺之上。韩擒虎在朝堂上戏弄周罗睺说："不懂得随机应变，您今日位在羊翔之下，能不羞愧吗？"

"当初在江南，很久以前便听到对您美好的评论，称颂您是天下有节义的志士；今日听您所说的这番话，实在令我感到失望。"

韩擒虎闻言后面有愧色。

隋文帝责备原陈国的君臣，唯独没有责及陈叔文，叔文因此有欣然自得的表情。不久，陈叔文上表说："当初在巴州，已率先归降，请陛下知道这一情况，望得到异于常例的安置。"

隋文帝对于陈叔文的这一请求，心中感到厌恶，嫌他不忠于陈国；然而出于笼络江南人士的考虑，仍然以陈叔文为开府仪同三司，任命他为宜州（今湖北宜昌西北）刺史。

当初，原陈国散骑常侍韦鼎曾出访北周，遇见杨坚时认为他是个异乎寻常的人，因而对杨坚说："您日后定当大贵，大贵后天下复为一家；十二年过后，老夫将献身于您。"

待至陈后主至德初年，韦鼎任大府卿，将自己的田宅全部卖掉了。有大臣对韦鼎尽卖田宅一事感到不解，询问是何缘故。韦鼎回答说："江南的王气，至此气数已尽，我与您死后当葬于长安。"

待到南陈被平定，隋文帝召韦鼎至长安。

开皇九年（589年）三月，隋文帝三路平陈大军的军事行动已胜利结束，南陈全部并入隋王朝的版图。接着，隋文帝对陈后主及其所属的文武官予以妥善处置，化消极因素为积极因素，从而使隋王朝迅速得以安定，圆满地实现了中国南北经历四百来年的分裂后的重归统一。

杨坚于公元581年即皇帝位。在改革制度、恢复和发展经济，国力得到增强后，于公元588年十月才部署伐陈，并于开皇九年（589年）将陈国平定，宣告了中国南北统一的完成。从此，隋文帝在施政方针上有了新的转变。

镇抚突厥，和吐谷浑

突厥带有匈奴的血统，"平凉（今甘肃平凉西北一带）杂胡也"，首领姓阿史那氏。突厥兴起于北魏末年，至北齐、北周时已经很是强大。据《隋书·北狄·突厥传》记载：北魏太武帝灭匈奴沮渠氏时，阿史那以五百家逃奔柔然，以后世代属于金山（今阿尔泰山）之阳，因善于冶铁和制作铁器，为柔然铁工。金山的形状犹如甲士所戴的头盔，当地人俗称头盔为"突厥"，因此便以"突厥"为阿史那的名号。

关于突厥的祖先，《隋书》还记载了如下一段神话传说故事：

突厥的祖先，原居于西海（今青海湖）的草原之上，后被邻国所灭，其男女老少尽被杀害。最后，剩下一个男孩，不忍心杀死，便将其砍足断臂，遗弃于大泽之中。有一母狼，每每衔肉来到弃儿的居处，弃儿因得到母狼衔来的肉食，得以不死。后来，弃儿渐渐长大，与母狼交配，母狼因此而怀孕。邻国国王得知这一消息后，又派使者前往杀害弃儿，而母狼便在弃儿一旁守护。当使者将要杀害弃儿时，母狼似乎有神灵相助，忽然间便到湖东，止于山上。此山在高昌（今新疆吐鲁番盆地东部哈拉和卓以东一带）西北，下有洞穴。母狼入洞穴，遇到一大片平壤茂草，地方二百余里。后来，母狼生下十个男儿，其一姓阿史那氏。

此人于十个男儿中最为贤能，于是被推戴为君长，所以突厥的军帐营门上建立"狼头纛"，即绘有狼头的旗帜，以表示不忘本。

这段关于突厥先祖的神话传说，说明突厥的祖先是以狼为其图腾崇拜的。

之后历经数代，阿史那氏的部落中，出现一个名为阿贤设的首领，率领部落从洞穴中走出，世代臣属于柔然。到首领大叶护时，突厥渐强。北魏末年，首领伊利可汗，率兵击铁勒，大败铁勒，降服五万余家，势力渐强，并向柔然主求婚。柔然主阿那瓌大怒，派使者辱骂。伊利斩杀来使，率部众击败柔然。伊利可汗死，立其弟俟斗，称木杆可汗。"木杆勇而多智，遂击茹茹（即柔然），灭之，西破挹怛，东走契丹，北方戎狄悉归之，抗衡中夏。后与西魏师入侵东魏，至于太原。"（本节引文不注明出处者均见《隋书·突厥传》）

突厥部经过几代可汗的努力，国力日益强胜，已成为当时北方强国之一。

公元581年正月，杨坚即皇帝位，即为隋文帝。隋文帝对待突厥的礼遇愈来愈少，突厥十分怨恨。当时的突厥可汗沙钵略的妻子千金公主本是北周赵王宇文招的女儿，对于宇文氏北周政权被杨坚篡夺，很是感伤，白天黑夜地向沙钵略谈这件事，请他为北周皇室复仇。沙钵略对他的臣下说："我是周皇帝的亲戚，如今隋主自立为帝而不能制止，又有什么脸面见自己的妻子！"

于是，沙钵略与原北齐营州刺史高宝宁联合出兵，入寇隋朝边境。隋文帝为着北部边防的安全，诏令北部边境加强防备，修缮长城，令上柱国、武威人阴寿镇守幽州，京兆尹虞庆则镇守并州，对突厥的入侵进行防备。

当初，奉车都尉长孙晟送千金公主入突厥成亲，突厥可汗喜爱他善射，将他留居突厥一年，让自己的子弟、贵族同长孙晟亲近友好，希望能学到他的射箭方法。沙钵略的弟弟处罗侯，号突利设，尤其得部众人心，被沙钵略嫉恨，秘密托心腹暗中与长孙晟结盟。长孙晟乘与突厥贵族子游猎之机，突厥的山川形势、部众的强弱等情况，无不知晓。

待到突厥大举入寇，长孙晟上书说："今华夏虽然安定，戎虏却时而入寇。兴师讨伐，时机尚不成熟；弃而不顾，又经常骚扰边境。所以应当秘密地运筹对策，制定出抵御的策略。玷厥（即沙钵略的叔父达头可汗）与摄图（即沙钵略可汗）相比，兵虽强而位居其下，实际上内部的矛盾已经很深。从中挑动，二人必将相互攻战。再说处罗侯，本是摄图的弟弟，颇多奸诈而势力甚弱，但他却想尽办法笼络众人之心，国人都爱戴他。因此，处罗侯遭到摄图的嫉恨，心中十分不安；想要弥补同摄图的裂痕，又心怀疑虑恐惧。再说阿波可汗（即沙钵略的兄弟），踌躇不定，介于摄图与处罗侯之间，但对于摄图甚为畏惧，受其牵制，准备依附于何人，尚未拿定主意。

"如今应当采用远交而近攻的策略，离间强者而联合弱者，向玷厥派出使臣，说和阿波可汗，如此则摄图必将回兵自防其西面的土地。再联络东方的处罗、奚、霫，则摄图必将分散部众，还兵防备东方。如此，则突厥内部猜嫌，离心离德，十几年过后，乘机讨伐，必可一举而攻灭他们的国家。"

隋文帝读过上书，十分喜悦，因而召见长孙晟并同他交谈。只见长孙晟在文帝面前，"口陈形势，手画山川，写其虚实，皆如指掌，帝深嗟异，皆纳用之"。

于是，隋文帝派太仆元晖出伊吾道（今新疆哈密），到达达头可汗那里，赐给狼头旗；达头使者来到京师长安，使之居于沙钵略的来使之上；又以长孙晟为车骑将军，出黄龙道（今辽宁朝阳），给奚、霫、契丹带去礼物；派人至处罗侯处，"深布心腹，诱之内附"。文帝采纳长孙晟的谋略，对突厥行反间计，突厥内部"果相猜疑"。

开皇二年（582年）四月庚寅日，隋大将军韩僧寿进军鸡头山（今宁夏六盘山东南），击败突厥的军队。上柱李允于河北山击败突厥的军队。五月己未日，高宝宁引突厥兵侵掠平州（今河北卢龙北），突厥调动五可汗共精兵四十万入攻入长城以南。六月乙酉日，隋上柱国李光在马邑（今山西朔县）击败突厥。突厥又出兵侵掠兰州（今甘肃兰州市），凉州总管贺娄子干出兵击败突厥。十月癸酉日，隋太子杨勇奉命率重兵驻守于咸阳（今陕西西安市西北），以防备突厥入侵。

十二月乙酉日，隋文帝派公虞庆则驻守弘化（今甘肃庆阳），以防备突厥入侵。行军总管达奚长儒统率两千士兵，与突厥沙钵略可汗相遇于周槃（今甘肃庆阳县境内）。沙钵略拥有兵众十万人，隋军寡不敌众，军中人心恐慌。达奚长儒镇静安定，神色慷慨，且战且走，被敌军冲散后，再聚集起来，四面抗拒。转战三日，与敌兵不分昼夜地交战十四次，所有的兵器都被打光了，士卒便用拳头与敌人肉搏，双手击得皮开肉绽，手骨都暴露出来，杀伤敌人数以万计。突厥军队士气逐渐低落，于是撤走。在这次苦战中，达奚长儒身受五处创伤，两处伤及内脏，隋军战士伤亡十有八九。文帝诏令以达奚长儒为上柱国，余勋授予他的一个儿子。

这时，隋柱国冯昱驻兵于乙弗泊（今青海乐都西），兰州总管叱列长叉驻守临洮（今甘肃临洮），上柱国李崇驻守幽州（今北京城西南），都被突厥的军队所击败。于是，突厥大举进兵，从木硖（在今宁夏固原西南）、石门（今宁夏固原西北）两路入侵，武威（今甘肃武威）、天水（今甘肃天水市）、安定（今甘肃泾川北）、金城（今甘肃兰州市）、上郡（今陕西郎县）、弘化（今甘肃庆阳）、延安

（今延安市东北）等郡的六畜被掠夺一空。沙钵略准备乘势南下，达头可汗不愿再战，突厥这才撤军回到塞外。长孙晟又劝说沙钵略的侄子染干向沙钵略谎说："铁勒想要反叛，正在准备袭击牙帐。"沙钵略担心老巢被毁，赶快撤兵出塞。

开皇三年（583年）四月，由于突厥多次入寇边境，隋文帝下诏书，申明讨伐突厥的大义，诏书说："往昔周、齐两国抗衡，分割华夏，突厥同时勾结二国。周人忧虑东面的齐国，担心齐国与突厥友好情深；齐人忧虑西面的周国，担心周国与突厥交情深厚。二国都认为突厥的意向举足轻重，关系国家安危，这是因为周、齐都把对方看成是自己最大的忧患，想要减少一个方面的防御力量。朕以为厚敛民众的财富来恩惠突厥豺狼，他们也未曾感恩戴德，反而成了他们入寇边境的资助。如今用礼义节制突厥，不再虚费民众的财富，减轻徭役赋税，使国家经费充足。把过去给予突厥的财物，加赐给抗敌的将士；使令那些奔波在道路上的服役百姓，得以专心从事耕织劳作；清除边患，克敌制胜，这是成竹在胸的策略。突厥愚昧无知，不知朝廷的深刻用意，把如今天下统一安定比作战国纷争的年代，凭借往昔的骄横，结下今日的怨恨。近日倾巢出动，同时进犯北部边境，这就使得上天愤怒，驱使他们前来送死。诸位将领今日出征，还包含有抚育众生的意义，如有投降的一律接纳，有违抗者一律诛杀，使令他们不再敢窥视南方，永远畏服我朝的威刑。"

隋文帝下达讨伐突厥诏书后，任命卫王杨爽为行军元帅，分八路出塞进击。杨爽督率总管李充等四将出兵朔州道（今山西朔县），己卯日与沙钵略可汗相遇于白道（今内蒙呼和浩特市北）。总管李充对卫王杨爽说："突厥贪求速胜，必定轻视我军而无有防备，如用精兵袭击，可以击败他们。"众将领对于李充的建议大多持怀疑态度，唯有长史李彻表示赞成。于是，杨爽拨给李充精兵五千，向突厥发起突然袭击，果然把敌兵打得大败。为逃脱危险，沙钵略抛弃了所佩带的金甲，藏于草丛之中而逃遁。突厥军中无粮，粉碎兽骨用以充饥，再加上遇到疾疫，军队死亡甚多。

幽州总管阴寿率步骑兵十万出兵卢龙塞，进击高宝宁。高宝宁求救于突厥，突厥正在防御隋军，无力救援。庚辰日，高宝宁弃城逃奔漠北，卢龙各县全部平定。阴寿悬重赏购买高宝宁的人头，又派人离间他部下的心腹人物。高宝宁逃奔契丹，被部下所杀。

五月癸卯日，隋行军总管李晃进军摩那度口，击败突厥军队。隋秦州总管窦荣定率领九位总管的步骑兵共三万人出兵凉州（今甘肃武威），于高越原（今宁夏中部）与突厥阿波可汗相拒，阿波屡战屡败。

前上将军、京兆人史万岁，因犯罪被发配到敦煌（今甘肃敦煌西）充当戍卒，此时，他亲自到窦荣定的军门，请求报效国家。窦荣定很早便闻知史万岁的大名，见到后十分高兴。壬戌日，双方将要交战，窦荣定派人对突厥说："士兵们有什么罪过，驱使他们死于疆场，只应双方各派出一名壮士以决一胜负。"突厥同意，派出一名骑兵出阵挑战。窦荣定派史万岁出阵应战，史万岁策马飞奔，将那名突厥骑兵斩首而还。突厥大惊，于是请求结盟，引兵离去。

长孙晟当时在窦荣定军中任副将，他派使臣对阿波可汗说："摄图每次前来，交战都是大获全胜。而可汗才领兵交锋，立即遭到失败而逃奔，这是突厥的耻辱。况且摄图与可汗相比，军事力量本来相当。如今摄图天天获胜，受到众人的崇敬；可汗出师不利，为突厥国带来耻辱。摄图必定将罪名加在可汗的头上，实现他长期以来的计谋，消灭可汗在北方所设立的牙帐。愿可汗认真地为自己考虑一下，能抵御住摄图吗？"

阿波可汗果然派使臣前来商议，长孙晟又对阿波可汗的来使说：
"如今达头可汗与隋军联合，而摄图不能制止，可汗为何不依附隋天
子，连接达头可汗，相互合作，转为强盛，这才是万全之计啊！怎可以
丧兵负罪，回到摄图那里受他的杀戮和侮辱呢？"

　　阿波可汗听过使臣的汇报，认为长孙晟讲得在理，便派使臣随同长
孙晟进京朝见隋文帝。

　　不久，沙钵略可汗因为一向嫉恨阿波可汗的骁勇剽悍，自从白道
战败退回来后，又闻听他想要投靠隋朝，因而提前撤军并派兵袭击北可
汗阿波的牙帐，大败守军，杀死阿波可汗的母亲。阿波撤军后，无处可
归，便率部向西投奔达头可汗。达头可汗对沙钵略的所作所为大为恼
怒，派阿波可汗从西方向东进军，沿途归附阿波的部落甚多，已拥有
十万骑兵。于是与沙钵略相互攻战，屡次击败沙钵略，收复北方的故
地，兵势愈发强盛。

　　贪汗可汗平素与阿波可汗友好，沙钵略夺取贪汗可汗的部众而且废
除其可汗王位，贪汗可汗也逃奔到达头可汗那里。沙钵略可汗的叔伯弟
弟地勤察，与沙钵略有嫌隙，于是带领部众叛逃并归附阿波可汗。于是
达头可汗、阿波可汗等联合举兵东向，与沙钵略攻战不已。阿波可汗日
渐强大，东距都斤，西越金山，西域诸部归附，号称西突厥。东西突厥
的分裂，从此形成。

　　突厥内部的各部相继内乱，连兵不已，分别向隋朝派出使者到长安
求和并请求援兵。隋文帝一概不予允许。

　　六月，突厥军队侵掠幽州，幽州总管李崇率步骑兵三千人抵拒。隋
军转战十余日，死伤甚多，于是退守砂城。突厥大军围城，城墙荒废倒
塌，难以固守，军中又无粮食补给，只得于夜间出城掠夺敌军的六畜、
粮食来充饥。突厥担心隋军夜袭，做了周密的防备。李崇的军队困苦饥

饿，夜间出城劫掠，总会遇到敌军的截击，死亡殆尽。待到天明，从城外逃回城中的尚有百余人，然而大多已身负重伤，无力再与敌人作战。

突厥想要逼迫隋军投降，派使者对李崇说："如果前来投降，封你为特勤（突厥的高级官员）。"李崇自知难免一死，便向士卒们下令说："我李崇丧失军队，罪该万死，今日效命疆场，以报效国家。你们待我死后，可暂且向敌人投降，然后分散逃走，想办法返回乡里。如能见到皇上，禀告我李崇的这番心意。"于是，李崇举刀突入敌阵，又杀死二人，被突厥乱箭射死。

七月，任命豫州刺史周摇为幽州总管，命李崇的儿子李敏承袭父亲的爵位。

八月，隋文帝派尚书左仆射高颎出兵宁州道（今甘肃泾川东北），内史监虞庆则出兵原州道（今宁夏固原），攻击突厥。

开皇四年（584年）二月，突厥苏尼部男女万余人归顺隋朝，达头可汗也请求向隋投降。九月，沙钵略可汗由于多次被隋军击败，向隋请求和亲。这时，千金公主也请求改姓杨氏，做隋文帝的女儿。隋文帝派开府仪同三司出使于沙钵略，更封千金公主为大义公主。晋王杨广请求乘突厥内乱出兵袭击，隋文帝不予允许。

这时，沙钵略派使臣致书隋文帝说："皇帝既是我妇的父亲，如同我的父翁；我是公主的丈夫。两地虽风俗不同，情义即是一致的。自今子子孙孙，乃至于千世万世，亲密友好永不断绝，愿上天作证，终不违背誓言！我国的羊马，全是皇帝畜产；贵国的丝绸，都是我国的衣物。"

隋文帝在复信中说："接到来书，知可汗大有善意。朕既然是沙钵略的妇翁，今日看待沙钵略与儿子没有两样。今后当随时派大臣前往慰问女儿，同时也问候沙钵略。"

于是，隋文帝派尚书右仆射虞庆则出使沙钵略，派车骑将军长孙晟担任副使。

当虞庆则率领使团到达突厥沙钵略可汗的牙帐时，沙钵略陈兵接待，陈列宝物，坐着接见虞庆则，声称有病而不能起身，并且说："自我父辈以来，从不拜见他人。"虞庆则对于沙钵略的傲慢无礼提出指责，并向他晓之以礼。千金公主在一旁私下对虞庆则说："可汗豺狼成性，过于相争，将会咬人。"副使长孙晟见沙钵略奉诏不肯起身答拜，便近前说："突厥与隋具是大国天子，可汗不起身，安敢违意。可贺敦（突厥可汗的妻子称"可贺敦"）为帝女，那么可汗便是大隋皇帝的女婿，怎可以不尊敬妇翁？"在长孙晟的理喻之下，沙钵略笑着对自己的显贵们说道："须拜妇公，我从之耳。"（《隋书·长孙晟传》）于是"跪受玺书，以戴于首。既而大惭，其群下相聚恸哭。"沙钵略说："能作为大隋天子奴仆，是得力于虞仆射啊。"于是向虞庆则赠马千匹，并以堂妹嫁与虞庆则为妻。

沙钵略致书隋文帝之时，正是他被西突厥达头与阿波、贪汗可汗联兵所困扰之际。他又畏惧东方的契丹，便派使臣向隋朝告急，请求率部众渡过大漠以南，寄居于白道川（今内蒙古呼和浩特市北）内。隋文帝诏令允许，并诏令晋王杨广率兵救援，给予衣食，赐给车服鼓吹。有了隋王朝的援助，沙钵略因而率兵西击阿波可汗，将阿波击败擒获；隋军参与攻击阿波，击败后将俘获全部给予沙钵略。沙钵略十分高兴，与隋王朝订立和约，以碛（沙漠）为边界。沙钵略为此向隋文帝上表，表中有"伏惟大隋皇帝，真皇帝也"、"永为藩附"、"北面之礼，不敢废失。当令侍子入朝，神马岁贡，朝夕恭承，唯命是视"等语。隋文帝为此下诏书说："沙钵略称雄漠北，多历世年，百蛮之大，莫过于此。往虽与和，犹是二国，今作君臣，便成一体。情深义厚，朕甚嘉之"，

"宜普颁天下，咸使知闻"。

沙钵略之妻千金公主既已被隋文帝赐姓杨氏，编之属籍，改封大义公主。"沙钵略大悦"，于是"岁时贡献不绝"。

开皇七年（587年），沙钵略病卒，隋文帝为此"废朝三日，遣太常吊祭焉"，赐布帛五千段。

沙钵略因其子雍虞闾懦弱，遗令其弟叶护（"叶护"是突厥的高级官职）处罗侯为大可汗。雍虞闾派使者迎接处罗侯，将要立他为可汗，处罗侯说："我突厥自从木杆可汗以来，多是以弟弟代替哥哥，以庶子夺取嫡子的王位，有失于先祖的法度，不敬重畏惧嫡长，你应当继承可汗王位，我不会介意拜见你。"

"叔与我父，共根连体。我是枝叶，怎可以使根本反而服从于枝叶、叔父屈从于卑幼呢？况且这是先父的遗命，怎可以废置呢？愿叔父不要再疑虑了！"雍虞闾再三辞让说。

叔侄二人就这样相互辞让了五六次，最终还是处罗侯立为可汗，即为叶护可汗。叶护可汗立雍虞闾为叶护，派使者上表隋文帝汇报此事。

隋文帝派车骑将军长孙晟持节封立处罗侯为叶护可汗，并赏赐鼓乐、幡旗等物。

处罗侯"勇而有谋"，立为可汗后，以隋王朝所赐给的旗鼓西征阿波可汗。因处罗侯得到隋朝的援兵，西突厥各部落大多前来归附，于是阿波可汗被生擒。不久，处罗侯上书隋文帝，请示对阿波是否处以死刑，文帝令大臣们议论此事，乐安公元谐请就地斩首，武阳公李充请押至京师，斩首示众。

隋文帝询问长孙晟："卿的意见如何？"

"若是突厥一致背信弃义，须用刑罚来整治。如今是兄弟之间自相残杀，阿波的罪恶并非是背叛大隋国家。趁着阿波在穷困的时候，将他取来杀戮，恐怕并非是安抚远方的方法，不如使双方都能保存下来。"
长孙晟回答。

"骨肉之间相互残杀，这对教化最为有害。应当对阿波存留教养，以表明朝廷的宽大为怀。"左仆射高颎赞成长孙晟的意见。

隋文帝听从了长孙晟、高颎的意见。高颎向隋文帝敬酒，说道："自轩辕以来，獯粥（匈奴、突厥的远祖）多为边患。今远穷北海，皆为臣妾，此之盛事，振古未闻，臣敢再拜上寿。"

开皇八年（588年）十二月，叶护可汗率兵西进，攻打邻国，被飞箭射中而死。东突厥立雍虞闾为可汗，是为都蓝可汗。都蓝可汗继立后，每年都派使臣向隋天子朝贡。

开皇十三年（593年），隋文帝将平定南陈时所获的大屏风恩赐给大义公主（即千金公主）。大义公主虽然受到隋文帝赐姓改封的厚遇，但心中仍认为自己原是北周皇室的公主，对隋文帝的篡周自立和自己的遭遇不平，因而在屏风上作诗，"叙陈亡自寄"。其诗曰：

盛衰等朝暮，世道若浮萍。

荣华实难守，池台终自平。

富贵今何在？空事写丹青。

杯酒恒无乐，弦歌讵有声。

余本皇家子，飘流入虏庭。

一朝睹成败，怀抱忽纵横。

古来共如此，非我独申名。

唯有《明君曲》，偏伤远嫁情。

隋文帝闻知大义公主所作的诗后，心中颇为厌恶，给予她的恩赐逐渐地减少。

彭国公刘昶先前娶北周皇室的公主，亡命之人杨钦逃亡到突厥那里后，诈称刘昶同他的妻子想要作乱反隋，派他杨钦秘密告知大义公主，发兵侵扰隋朝边境。都蓝可汗信以为真，便不按时向隋朝贡，经常骚扰隋朝边境。

隋文帝派车骑将军长孙晟出使于突厥，私下观察动静。大义公主接见长孙晟，出言不逊，又派同她私通的安遂迦与杨钦谋划，蛊惑煽动都蓝可汗。

长孙晟回到京师长安，将所得情报向隋文帝禀告。隋文帝派长孙晟再次出使突厥牙帐，要求引渡杨钦，都蓝可汗不予交出，说道："查遍客栈，没有此人。"

长孙晟贿赂可汗帐下的显官，得知杨钦的住所，便在夜间将杨钦捉拿，交给都蓝可汗，并乘机揭发大义公主同安遂迦私通的事情。突厥国人都以此为莫大的耻辱。都蓝可汗逮捕安遂迦等人，一同交付长孙晟处理。

隋文帝为长孙晟所获得的成功感到十分高兴，加授他开府仪同三司的官衔。内史侍郎裴矩请求前往突厥劝说都蓝可汗，使令他杀死大义公主。这时，居于北方的处罗侯儿子染干，号称突利可汗，派使者到长安求婚。隋文帝派裴矩对使者说："杀死大义公主，才能答应这门亲事。"

突利可汗于是向都蓝可汗说大义公主的坏话，都蓝可汗一怒之下，将公主杀死于帐中。

都蓝可汗因此向隋文帝上表求婚，朝廷议论时准备答应这一请求。这时，长孙晟说："臣看那个雍虞闾是个反复无常之人，只是因为与玷厥（达头可汗）有嫌隙，所以想依重于朝廷，即使同都蓝可汗和亲，最终还是会叛离而去。再说他如果娶了公主为妻，必定会仰仗朝廷的威势，玷厥、染干必将受他的征伐。待到都蓝可汗强大后反叛，恐怕以后就更难制服了。况且染干是处罗侯的侄子，平素有归服朝廷的诚意，至今已经二代，不久前曾来京求婚，不如答应染干的请求，招令他南迁。染干可汗兵少力弱，容易驯服，令他抵挡雍虞闾，作为边境上的屏障。"

隋文帝认为长孙晟的意见很好，又派长孙晟前往突厥，安慰晓谕突利可汗，答应他娶隋公主。

开皇十七年（597年），突利可汗派使臣来长安，隋文帝令使者居于太常寺，向他"教习六礼"，然后将宗室女儿安义公主嫁给突利可汗为妻。

隋文帝为离间突厥各部，因此对突利可汗施以厚礼，先后派牛弘、苏威、斛律孝卿为使臣出使突厥。突利可汗原本居于北方，因为娶安义公主为妻，南徙至度斤旧镇，得到隋朝优厚的赏赐。为此，都蓝可汗大怒道："我，大可汗也，反不如染干！"于是不再向隋朝进贡，多次骚扰边境。

开皇十八年（598年），隋文帝诏令蜀王杨秀从灵州（今宁夏灵武西南）出击雍虞闾。

开皇十九年（599年），隋文帝派汉王杨谅为元帅，左仆射高颎率将军王备、上柱国赵仲卿同时从朔州（今山西朔县）出兵，右仆射杨素率柱国李彻、韩僧寿从灵州道（今宁夏灵武西南）出兵，上柱国燕荣从幽州（今北京城西南）出兵攻击突厥都蓝可汗，全军都归汉王杨谅指挥。然而汉王杨谅却没有到前线亲临指挥。

都蓝可汗得知上述消息后，与达头可汗结盟，合兵袭击突利可汗，双方大战于长城脚下，突利可汗大败。都蓝可汗将突利可汗的兄弟子侄全部杀死，乘胜渡过黄河进入蔚州。突利可汗的部落失散逃亡，与长孙晟带领五百名骑兵向南败走。待到天明，行走约百余里，又收拢骑兵数百名。突利可汗与他的部下谋划说："如今兵败后入京朝见，不过是一个降人罢了，大隋天子还能礼遇我们吗？玷厥虽然与都蓝可汗一同前来攻击我们，但彼此一向无有冤仇。如果前往投奔，必能存恤救济我们。"

长孙晟得知突利可汗想要投奔达头可汗，便秘密派使者进入伏远镇，点燃烽火。突利可汗望见烽火，询问长孙晟是何缘故，长孙晟欺骗突利可汗说："城头高，望得远，必定是敌寇前来了。我们国家规定：如果敌兵人数少，点燃两束烽火；敌兵多，点燃三束烽火；如果大兵逼近，点燃四束烽火。如今四束烽火并起，一定是望见大批敌兵逼近了。"

突利可汗闻听后大为恐惧，对部下说："如今追兵逼近，可暂且进入城中。"

进入伏远镇后，长孙晟留下突利帐下的高官执室统领其部众，自己与突利乘驿站快马急驰进京入朝。

四月丁酉日，长孙晟与突利可汗到达京师长安，隋文帝十分高兴，任命长孙晟为左勋卫骠骑将军，持节护卫突厥。

隋文帝令染干与雍虞间的使者因头特勤辩论，因染干理直，文帝优待染干。雍虞间的弟弟都速六弃其妻子，与突利来朝，文帝对他们表示嘉许，给予赏赐，以安慰他们。

高颖派上柱国赵仲卿统领三千名骑兵，到达族蠡山，与突厥的军队相遭遇，交战七日，大败突厥军队。追击至乞伏泊（今内蒙古察哈尔右翼前旗东北），又大败突厥军队，俘虏千余人，各种牲畜数以万计。突厥的军队又大举而来，赵仲卿布下方阵，四面拒战，坚持了五日。适逢高颖率大军赶到，与赵仲卿合兵反击，突厥战败逃走。隋军乘胜追击，翻越秦山（今大青山），追击七百余里，然后回还。

杨素统帅的大军与达头可汗相遭遇。在此以前诸将领与突厥交战，忧虑敌人的骑兵横冲直撞，都是利用兵车同步、骑兵相互配合，协同作战，用抵挡敌军战马的"鹿角"为障碍，摆成方阵，骑兵居于中间。杨素对部下说："这是用来固守的作战方法，不足以取胜。"

于是，杨素废除旧有的布阵方法，下令诸军结成骑兵方阵。达头可汗闻知后，十分高兴地说："这真是上天赐给我的破敌良机！"

说着，达头可汗下马仰天而拜，然后率领十余万骑兵直冲隋军。

这时，上仪同三司周罗睺说："贼兵兵阵尚未完整，请率兵出击。"于是率领精锐骑兵出阵迎战，杨素率大军紧随其后，突厥军大败，达头可汗身受重伤而遁逃，杀伤敌军不可胜数，突厥兵众哭号着退走。

十月甲午日，隋文帝封突利可汗为启民可汗，汉语即"智健"的意思。启民可汗为此上表谢恩说："臣既蒙竖立，复改官名，昔日奸心，今悉除去，奉事至尊，不敢违法。"

突厥归附于启民可汗的有男女万余人，隋文帝命长孙晟统领五万军民在朔州修筑大利城（今内蒙古和林格尔西北），安置启民可汗和他的部属。隋文帝又派长孙晟持节护送宗室女义成公主嫁与启民可汗为妻。

长孙晟上奏说："染干的部落归附的人越来越多，虽地处长城之内，还是受雍虞闾的掠夺，不得安居。请将他们迁徙到五原（今内蒙古河套地区五原南），以黄河为固守的屏障，在夏州和胜州之间划出东至黄河、南北四百里的地区，令他们居住并在这一地区任意放牧。"

隋文帝采纳了长孙晟的这一建议。又派上柱国赵仲卿在这一地区驻军两万人，来防御达头可汗的侵扰；命代州总管韩洪等人统率步骑兵一万人镇守恒安（今山西大同市西北）。

达头可汗率十万骑兵前来入寇，被韩洪率军击得大败。赵仲卿自乐宁镇出兵截击，斩首千余级。

在隋军击败达头可汗的有利形势下，隋文帝派越国公杨素出兵灵州（今宁夏灵武西南），行军总管韩僧寿出兵庆州（今甘肃庆阳），太平公史万岁出兵燕州（今河北涿鹿西南），大将军姚辩出兵河州（今甘肃临夏东北），攻击都蓝可汗。

在隋朝各路大军尚未出塞之前，都蓝可汗被部下所杀，达头自立为步迦可汗，国内大乱。长孙晟上言于隋文帝说："如今官军已临近敌境，多次立有战功，敌虏内部自相叛离，国主被杀，乘此机会招降安抚，可使突厥全部降服，请求派染干的部下分道招抚突厥全境内的部众。"

隋文帝采纳了长孙晟的这一建议，投降隋朝的突厥部众果然很多。

开皇二十年（600年）四月壬戌日，突厥达头可汗率兵侵犯边塞，隋文帝诏令晋王杨广、杨素从灵武道（今宁夏银川市东北）出兵；汉王杨谅、史万岁从马邑道（今山西朔县）出兵，同时向突厥进击。长孙晟率领降服的突厥人，任秦州行军总管，接受晋王杨广的节制调度。长孙晟认为突厥人饮用泉水，容易施行投毒的计策。于是派人在上游投毒，突厥的人畜饮用后多中毒而死，便大为惊恐地说："上天降下恶水，这是要灭亡我们啊！"因此，突厥于夜间率兵逃跑，长孙晟乘机追击，斩首千余级。

史万岁率军出塞后，到达大斤山，与突厥的军队相遭遇。达头可汗派人询问："隋军的主将是何人？"

"史万岁。"侦察骑兵报告说。

"莫非就是那位敦煌的戍卒吗？"达头又问。

"正是。"侦察兵再次回答。

达头可汗闻知是史万岁率军前来，恐惧而引兵退走。史万岁率兵急驰，追击百余里，大破敌军，斩首千级。乘胜追入漠北数百里，因敌军

南北朝时，吐谷浑同南北均有通商往来，北魏正始、正光年间，
"牦牛、蜀马及西南之珍，无岁不至"。吐谷浑的农作物有大麦、粟、
豆，其特产"青海骢"为名马，能日行千里。东魏静帝曾娶吐谷浑王的
妹妹为嫔妃。由于周、齐交争，各自争取与国，因此，北周和吐谷浑虽
有往来，也时常有战事发生。

开皇初年，吐谷浑曾出兵入侵弘州，隋文帝因弘州地广人稀，因而
废弘州设置，派上柱国元谐率步骑兵数万人出击吐谷浑。吐谷浑王吕夸
征发国中的全部士兵，自曼头至于树敦，甲士骑兵络绎不绝。吕夸署河
西总管、定城王钟利房及其太子可博汗，率兵前来拒战，接连被元谐击
败，俘虏斩首甚多。吕夸大为恐惧，率领自己的亲兵远逃。吕夸部下的
"名王"十三人，各自率领自己的部落向隋军投降。隋文帝因为高宁王
移兹裒平素很得人心，拜为大将军，封河南王，令他统领投降的部众，
其余也给予不等的赏赐。不久，吕夸又前来入寇边境。旭州刺史皮子信
出兵抵拒，被吕夸击败，皮子信战死。汶州总管梁远率精兵出击，斩首
千余级，吕夸逃奔而还。不久，吕夸率众人寇廓州（今青海贵德南），
被州兵击败逃走。

吕夸在位多年，屡屡因喜怒无常，"废其太子而杀之"。后来，所
立太子惧怕被废辱，便谋划拘执吕夸向隋朝投降，向隋朝边境的官吏请
求援兵。秦州总管、河间王杨弘请求率兵应援，隋文帝不予允许。吐谷
浑太子的阴谋泄露，被其父吕夸所杀，又立少子嵬王诃为太子。叠刺史
杜粲请乘吐谷浑内乱而出兵征讨，隋文帝又是不予允许。

开皇六年（586年），嵬王诃惧怕被父王吕夸诛杀，谋划率部落
一万五千人投奔隋朝，请求派兵迎接。为此，隋文帝对左右大臣说：
"吐谷浑的风俗，有异于常人的伦理，父既不慈，子复不孝。朕以德训
人，怎能成就嵬王诃的恶逆，我当用做人的正道教导他。"

于是，隋文帝对觊王诃派来的使者说："朕受命于天，抚育四海，希望使所有的人都能向往仁义。况且父子之间的情感，本出于天性，何得不相亲相爱！吐谷浑既是觊王的父亲，觊王是吐谷浑王的太子。父亲有所不是，做儿子的需进行劝谏。如果劝谏而不听从，应当令近臣亲戚用委婉的话进行劝说。若是再不听从，便哭泣着进行劝谏。人都是有感情的，如此定能使父亲感动醒悟。不可暗中谋划非法的事，落得个不孝的名声。普天之下，都是朕的臣属，都能各自多做善事，朕也就称心如意了。觊王既然是一片好意，想要来投奔朕，朕唯有教觊王为臣子之道，不可能向远方派出兵马，助他人做恶逆的事。"

觊王听到使者的回报后，便中止了投奔隋朝的谋划。

开皇八年（588年），吐谷浑的名王拓拔木弥请求率千余家归顺隋朝。为此，隋文帝对臣下说："普天之下，皆为朕臣，虽地处荒远，不知晓风化教诲。朕的抚育，都是以仁孝为本。浑王昏狂，他的妻子都想要归顺，自救于危亡。然而，背叛丈夫、父亲，不可收纳。察其本意，本是避死，如果拒不接纳，又属不仁；如果更有意信，只应安抚劝慰，任其自行逃离，不须出兵马接应他们。拓拔木弥的妹夫及外甥想要前来，也是任凭他们自己拿主意，不得进行劝诱。"

这一年，河南王移兹衰死，隋文帝令他弟弟统率其部众。

开皇九年（589年），隋文帝平定南陈，势力强盛，吕夸大为恐惧，逃遁而据守险要，不敢再骚扰隋朝边境。

开皇十一年（591年），吕夸死，其子伏立为吐谷浑王。伏派兄子无素奉表向隋文帝以藩自称，向隋朝贡献特产，请求献女儿充实隋天子的后宫。隋文帝对滕王说："这并非是出于至诚之意，不过是困急之计而已。"

于是，隋文帝对来使无素说道："朕知道浑王想要使令女儿侍奉

朕，如果依从来请，其他国家闻知后，便当效仿。有的允许，有的不允许，是不公平；如果都予以允许，又不是好的办法。朕存心安养自身，任其自然，怎可以聚敛子女来充实后宫？"

隋文帝终于没有答应吐谷浑王伏献女的请求。

开皇十二年（592年），隋文帝派刑部尚书宇文弼安抚慰问吐谷浑王。

开皇十六年（596年），隋文帝以光化公主为吐谷浑王伏妻，伏上表称公主为天后，文帝不予允许。

开皇十七年（597年），吐谷浑国内大乱，国人杀伏，立其弟伏允为王，派使臣向隋文帝陈述国中废立国王的事，向隋朝表示谢罪，并请求娶隋公室女为妻，隋文帝予以允许。从此以后，每年按时朝贡，但又时常探听隋朝内部的消息，隋文帝因此很厌恶他。

吐谷浑是隋王朝西部边境的强敌之一，吕夸王曾多次率众入寇边境，隋文帝派兵将其击退。对于吐谷浑吕夸王同太子间的内部矛盾以及太子、名王归降等事，隋文帝采取正面劝导和不介入的政策；对于吕夸王的后继者伏与伏允又采取和亲政策，再加之平定南陈后隋王朝势力的强大，隋文帝同吐谷浑之间大体上维持着和平友好的关系。这对于彼此之间经济文化交流的加强，无疑是有益的。隋文帝西和吐谷浑的政策，亦有助于隋王朝的发展和强盛。

安抚周边，友好相处

鞨鞨地处高丽以北，邑落各有酋长，不相统一，共有粟末部、伯咄

部、安车骨部、拂涅部、号室部、黑水部、白山部等七部。其中黑水部尤为劲健，即古伐的肃慎氏，居住多依山水。

开皇初年，靺鞨相继派使者向隋天子贡献，隋文帝诏令靺鞨使者说："朕闻听你们那里的居民多勇敢敏捷，今睹前来相见，实与朕意相符。朕视你等如子，你等应敬朕如父。"

使臣答对说："臣等地处偏僻一方，道路遥远，闻知中国有圣人，所以前来朝拜。既已承蒙慰劳赏赐，有幸亲见圣上尊颜，心中不胜欢喜，愿长久得为奴仆。"

靺鞨国北与契丹相接壤，经常相互劫掠。后来，靺鞨来使至京，隋文帝告诫使者说："我对于契丹的怜爱和思念，与对你等无有差异，应各守自己的领土边境，如此岂不安乐？为什么动辄相互攻击，很是违背我意！"

使者向隋文帝谢罪，文帝因而慰劳使者，令他宴饮于殿前。使者乘着酒兴，与一同前来的同伴离席起舞，多是表现战斗的场面。隋文帝观看靺鞨使者等人舞蹈，回首对侍臣们说："天地间乃有此物，常作用兵意，何其甚也！"

靺鞨与隋朝相距遥远，唯有粟末部、白山部距隋朝较近。

契丹的祖先与库莫奚族异种而同类，居于黄龙（今吉林省农安县）之北，其风俗与靺鞨很类似，好为寇盗。北魏时期，契丹遭受高丽的侵掠，部落中有万余人请求归附隋朝，止于白貔河。后来又遭受突厥的逼迫，又有万余家寄居高丽。

开皇四年（584年），契丹的莫贺弗部来长安拜见隋文帝。开皇五年（585年），莫贺弗部众归顺隋朝，隋文帝予以接纳，听任他们居住于故地。开皇六年（586年），契丹内部的诸部之间相互攻击，久而不止，同时又与突厥相互侵夺。隋文帝派使臣对契丹内部的相互攻战予以谴责，契丹派使臣至长安谢罪。后来，契丹的别部出伏等背叛高丽，率部众归顺隋朝，隋文帝予以接纳，安置在渴奚那颉的北面。开皇末年，其别部四千余家背离突厥前来向隋朝投降。当时，隋文帝刚刚同突厥和好，以不失远人之心为重，给予他们粮食，令他们还归故地，并敕令突厥安抚接纳前来归降的契丹别部。然而，契丹别部坚持不肯离去。部落逐渐众多，于是逐水草北徙，东西五百里，南北三百里，分为十部。各部兵多者三千人，少者千余人。

靺鞨、契丹是居于我国东北地区的民族，于隋文帝在位期间臣属于隋王朝。隋文帝对他们亦采取友好政策，对于他们内部各部之间的攻伐予以谴责，劝他们同突厥友好相处，主张靺鞨与契丹之间实行睦邻政策。隋文帝的这一政策对于安定隋王朝边境、密切隋王朝同靺鞨、契丹的经济文化联系，无疑都起到了积极的作用。

高丽、百济、新罗是朝鲜半岛上的三个国家，历史悠久。隋文帝在位期间同这三国的关系，现分述如下。

据《隋书·东夷·高丽传》记载，高丽东西两千里，南北千余里，国都平壤，亦曰长安城。城东西六里，随山而筑，南临浿水（今朝鲜大同江）。又有国内城、汉城，与平壤并列为都会，国人称为"三京"。高丽与南方的邻国新罗，彼此经常相互侵夺，战争不息。

北周时期，高丽国王汤曾派使臣朝贡，周武帝宇文邕拜汤为上开府、辽东郡公、辽东王。隋文帝即位后，高丽王汤派使臣至长安，隋文帝进授汤为大将军，改封高丽王。

开皇初年，高丽王频频派使者入朝。待到平定南陈之后，隋朝国势日强，高丽王汤大为恐惧，在国内整治兵器军械，积蓄粮草，作据险守城的准备。

事实上，隋文帝在平定南陈后，国势日强，对于高丽王的"治兵积谷"是不能坐视的。隋朝的大臣们也有向高丽用兵的意图，即所谓"开皇之末，国家殷盛，朝野皆以辽东为意"。（《隋书·刘炫传》）不过，隋文帝对于高丽，如同对待突厥、吐谷浑一样，不主张轻易用兵，更不肯首先用兵，而是采用晓谕和威慑的政策，谋求边境上的安宁。

开皇十七年（597年），隋文帝闻知高丽王"治兵积谷，为守拒之策"，特赐给高丽王长篇玺书一封，书中指责高丽王："虽称藩附，诚节未尽"；"修理兵器，意欲不臧"；"数遣马骑，杀害边人，屡骋奸谋，动作邪说，心实不宾"。同时，晓谕高丽王："王若无罪，朕忽加兵，自余藩国，谓朕何也！王必虚心，纳朕此意，慎勿疑惑，更怀异图。"玺书的结尾，隋文帝以南陈的覆亡警告高丽王："王谓辽水之广，何如长江？高丽之人，多少陈国？朕若不存含育，责王前愆，命一将军，何待多力！殷勤晓示，许王自新耳。"

隋文帝的一道玺书，有指责，有晓谕，但结尾却是严正警告。高丽王汤得书后吓得诚惶诚恐，将要奉表陈述并向隋文帝谢罪，适逢患病而死，汤的儿子元继承高丽王位。

隋文帝奉行对高丽的一贯政策，向高丽派出使臣，拜高王元为上开府、仪同三司，袭爵辽东郡，赐衣服一套。元奉表向隋文帝谢恩，并以祥瑞向隋天子祝贺，乘机请求受封为王。隋文帝特予以优待，册封元为高丽王。

开皇十八年（598年），高丽王元率领靺鞨族万余名骑兵入寇辽西，被营州总管韦冲击退。隋文帝闻知此事后大怒，任命汉王杨谅为元帅总领水陆兵马进军讨伐，下诏令废除高丽王元的爵位。当时，由于粮草供给不继，六军给养缺乏，隋军师出山海关，又遇到疾疫，士气不振。待到隋军进驻辽河，高丽王元也感到恐慌惊惧，派使臣向隋文帝谢罪，在上表中自称"辽东粪土臣元"。

于是，隋文帝下令罢兵，待之一如当初，高丽王元也每年派使臣向隋天子朝贡。

百济国的祖先，出自高丽国，汉代时已成为朝鲜半岛上的强国之一。至开皇初年，百济王余昌派使臣向隋贡献特产，隋文帝拜余昌为上开府、带方郡公、百济王。

百济国东西四百五十里，南北九百余里，南接新罗，北拒高丽，其都城曰居拔城。官分文武，居民为新罗人、百济人、汉人和日本人。"俗尚骑射，读书史，能吏事，亦知医药、蓍龟、占相之术"，"有僧尼，多寺塔"，行南朝宋的《元嘉历》，以建寅月为岁首。国中大姓有八族。"婚娶之礼，略同于华，丧制如高丽。"可见，百济国的文化较为发达，受中国影响较大。

隋文帝平定南陈的那一年，有一战船漂流至海东牟罗国。该船在归还途中，经过百济国，国王余昌资送很丰盛，并派使臣奉表祝贺平定南陈。隋文帝为此很高兴，下诏书说："百济王闻知平定南陈，从远方奉表而至，旅途往返，甚为艰辛；如遇风浪，便有危险。百济王的心意和行迹淳厚，朕已全然知悉。相距虽远，事同言面，何必屡次派来使臣相体悉。自今以后，不需一年中再次入贡，朕也不派使前往，望（余昌）王知悉。"

开皇十八年（598年），百济王派长史王辩那前来贡献特产。当时隋军正出师辽东，百济王派使臣奉表，请求为隋军担任向导，隋文帝下诏书说："往年高丽不按时朝贡，无人臣之礼，所以命令将帅讨伐。高丽君臣恐惧，畏服认罪，朕已赦免其罪，不可再兴兵讨伐。"高丽对百济王奉表为隋军充当向导的消息，十分恼怒，发兵侵掠百济国的边境。

新罗国在高丽国东南，即西汉乐浪郡的故地，或称斯罗。国内居民杂有汉人、高丽人、百济人。其国王本是百济人，自海上逃入新罗，称王于新罗国。

新罗国先附庸于百济国，后来因百济征伐高丽，高丽人不堪忍受百济王的兵役和徭役，相继归附新罗，新罗因此而逐渐强盛。后来，新罗因袭百济附庸于迦罗国。新罗地多山险，虽然与百济嫌隙颇深，百济也无力图谋新罗。

开皇十四年（594年），新罗王金真平派使臣向隋天子贡献特产，隋文帝拜金真平为上开府、乐浪郡公、新罗王。

隋朝虽然同高丽有过一次战争，但与朝鲜半岛三国的关系，也以和平相处为主，至于同百济、新罗两国，则堪称为友好，经济文化方面的往来日趋密切。

日本在古代亦称倭国，在百济、新罗东南，水陆三千里，于大海之中依山岛而居。汉光武帝时，曾派使臣入洛阳朝见汉天子，自称大夫，接受光武帝册封。魏晋南北朝期间，世代与中国相通。

开皇二十年（600年），倭王姓阿每，字多利思比孤，号阿辈鸡弥，派使臣至长安朝贡，隋文帝令有关部门派人考察倭国风俗。其国设有职官、法律，有兵器而无征战。其民信佛法，从百济国求得从中国传去的佛经，开始使用汉人文字，知卜筮，尤信巫觋。

新罗、百济皆以倭国为大国，多有珍宝，因而敬畏，经常通使往来。

隋炀帝期间，隋与倭国的友好往来有了进一步的加强。

隋王朝时期同东南亚交往较多的国家有林邑（今越南中部）、赤土（今马六甲）、真腊（今柬埔寨）、婆利（今北婆罗洲）等国。

林邑其国延袤数千里，多香木、金宝，物产大抵与交趾相同。南北朝时期，曾与南朝通使往来。乐器有琴、笛、琵琶、五弦，颇与中国相同。每击鼓以警众，吹蠡为准备投入战斗的信号。居民都信仰佛教，文字与天竺国相同。

隋文帝平定南陈后，林邑派使臣向隋天子进献特产，后来朝贡断绝。当时天下平定，群臣中有人向隋文帝进言，说林邑多有奇宝。于是，隋文帝于仁寿末年，派大将军刘方为驩州道行军总管，率领钦州（今广西钦州东北）刺史宁长真、驩州（今越南荣市）刺史李晕、开府秦雄等步骑兵万余人以及犯罪者数千人出击。林邑王梵志率领徒众乘大象与隋军交战，刘方出师不利。刘方施用计谋，于丛林中挖掘很多深坑，上面覆盖杂草，伪装起来，然后率兵挑战。林邑王率全军布阵，交战后，刘方率军佯败逃走，梵志率兵追击，兵众多陷入坑中，林邑军大乱。刘方乘机纵兵反击，大败林邑军队。梵志屡战屡败，不得不弃城逃走。刘方率军攻入林邑都城。刘方获胜后班师回国，梵志又恢复原有的故地。经过这次战争后，林邑王梵志派使臣向隋朝谢罪，从此林邑向隋朝朝贡不断，两国间的经济文化往来有了进一步的加强。

赤土即今马六甲。在隋炀帝即位后，与隋王朝有密切的往来。

真腊即今柬埔寨。据文献记载，真腊同隋王朝的经济文化往来，主要在隋炀帝即位以后。

隋文帝在位期间，陆路通过西域的丝绸之路，海路由南海经马六甲海峡、印度洋，同中亚、东南亚、西亚和欧洲的许多国家，都有商业和文化往来。

第七章
重贤任能，驭人有方

宫廷之变让隋文帝杨坚非常顺利地改朝换代，但是因为没有经历战争，所以就没有那么多忠诚之人。为了收拢人心，隋文帝开始重贤任能。

克定三边，任用文臣

当杨坚掌握北周的军政大权后，为着巩固自己的权力和地位，实现篡周自立的野心，他把两个具有真才实干、富有韬略的人物调入丞相府，一是御正下大夫李德林，一是内史下大夫高颎，分别委任二人为"府属"、"相府司录"，掌握了丞相府的实权，并把丞相府宿卫的大权交给有佐命之功的卢贲。想谋求大司马、小冢宰并有"佐命"大功的郑译、刘昉则未能如愿以偿，只是分别得到了丞相府长史、司马的职位。郑、刘二人对于为杨坚出谋划策的李德林十分怨恨。

杨坚对李德林、高颎与郑译、刘昉等四人的任命表明，从就任左丞相、掌管北周军政大权的第一天起，他在用人问题上便开始执行了一条任人唯贤的路线。当然，郑译、刘昉二人，杨坚还是在笼络他们，让他们为实现自己篡立的目的做他们所能做到的事。

杨坚掌握了北周军政大权，原四辅官之一的大右弼、相州总管尉迟迥和他的弟弟尉迟勤因不满杨坚任命韦孝宽为相州总管，于是发兵讨伐杨坚，起兵响应尉迟迥的诸州刺史亦有七八人。此外，郧州总管司马消难、益州总管王谦也分别于湖北、四川起兵讨伐杨坚，与尉迟迥遥相呼应。

危难之际，韦孝宽被杨坚任命为征讨尉迟迥的行军元帅。不久，王谊、梁睿相继被任命为征讨司马消难、王谦的行军元帅。上柱国韦孝宽是北周一员的智勇双全、屡立功勋的老将，此时已是七十二岁。由他出任统帅关中大军的元帅，担负征讨尉迟迥重任，这是杨坚的英明决策。两军交战前，有密报说韦孝宽部下的梁士彦、宇文忻、崔弘度等几员大将都接受了尉迟迥的贿赂。杨坚接受了李德林的建议，没有撤换梁、宇文、崔三人，而是决定派出一位具有智慧、胆略而平素被诸将信服的心腹要员到前线监督诸军。杨坚想派崔仲方去前线节制调度军队，派刘昉、郑译前去监军，三人都借故推辞。这时，高颎自告奋勇前往，杨坚十分高兴。

在韦孝宽、高颎的正确指挥下，尉迟迥兵败自杀，关东迅速平定。接着，司马消难率众投降陈国；王谦也兵败被活捉，就地处死。三边被迅速平定。只是，韦孝宽六月受命，七月临敌，十月凯旋还京，十一月便病卒，终年七十二岁。

平定尉迟迥以及司马消难、王谦的事实表明，杨坚是依靠韦孝宽、高颎、李德林以及宇文忻、崔弘度等一批具有真才实能的贤才，才取得了平定三边的胜利，并且篡周自立，成了隋王朝的开国皇帝。平定三边的胜利，从组织路线上看，是执行任人唯贤路线的胜利。杨坚在以后治理国家居皇帝位的二十五年间，基本上执行的就是一条用人唯贤的路线，以此安定和治理同家。

隋文帝即位后，初步地确立了三省六部制度。三省六部的最高行政长官还有各卫的大将军，构成了隋王朝中央政权中的核心人物，是辅佐他治理天下的股肱。隋文帝的用人路线，从隋王朝中央政府的主要成员名单中，可以得到颇为充分的说明。

隋朝的三省制度同后来的唐王朝相比，并不完善。在尚书省、门下省、内史省中，尚书省的令、仆射，门下省的纳言，内史省的监、令，都是宰相。由于尚书省在隋朝的三省中拥有更大的实权，因而尚书省中的六部尚书，亦是隋王朝中央政府中的重要官员。

隋文帝在位期间所任命的三省正副长官、六部尚书以及十二卫大将军，大多是有真才实能的人才，为隋王朝的制度建设、统一南方，分别做出了自己的贡献。

隋文帝在位期间，担任宰相职务的官员有高颎、赵煚、虞庆则、李德林、苏威、杨素、杨达等人。其中，高颎、苏威、杨素为辅佐隋文帝治理天下，曾发挥过重大的作用。

高颎（jiǒng，音炯）字昭玄，自称渤海蓨（今河北景县）人。父亲高宾，背齐归周，被大司马独孤信引为僚佐，赐姓独孤氏。后来，独孤信被诛，妻子迁往蜀地。独孤皇后因为高宾是父亲的老部下，经常往来于高家，高宾后来官至都州刺史。

高颎少年聪明敏捷，有气度，识大局，略涉文史，尤其善于辞令。十七岁时，北周齐王宇文宪引为记室，周武帝时被任命为内史上士，不久升任下大夫。

杨坚以假黄钺、左大丞相身份总揽朝廷军政大权，早就闻知高颎精明强干，又熟悉军事，多有计谋韬略，想把他引入丞相府任职。为此，杨坚派邗国公杨惠向高颎传达旨意，高颎欣然允诺，并且说："愿受命效劳，纵使隋公的大事不成，我高颎也不惜为此灭族。"于是，高颎被杨坚任命为相府司录。当时，相府长史郑译、司马刘昉因奢侈放纵而被杨坚疏远，高颎便成为杨坚的心腹谋士。

尉迟迥起兵后，高颎于朝廷危难之际，主动请求到前线协助行军元帅韦孝宽作战，深得杨坚的欢心。高颎于沁水、邺城分别为韦孝宽以及宇文忻、李询设奇谋妙计，大败敌军。凯旋还京，高颎侍宴于杨坚卧内，杨"撤御帷以赐之"，进位柱国，改封义宁县公，升任相府司马。

杨坚即皇帝位，任命高颎为尚书左仆射兼纳言，为尚书、门下二

谋登大宝

隋朝开国奇谋

省的最高行政长官，晋封为渤海郡公，大权在握，朝廷大臣没有人能比得上他。隋文帝十分器重高颎，平时总是称呼他"独孤"，而不称他的名字。高颎深以自己权势过重而忧虑，上表请求退位，把职务让给苏威。隋文帝为了成全高颎的这番美意，听任他辞去了尚书左仆射的重要职务。然而，几天过后，隋文帝却反悔，诏令恢复高颎的尚书左仆射职务，不久，又任命高颎为左卫大将军，原有的职务不变。当时，突厥屡次入寇边境，诏令高颎镇守边境，还京后受到赏赐。又兼任新都大监，制度多出于高颎。高颎经常坐朝堂北槐树下听事，因槐树不依行列，有关官员请示将树伐掉。隋文帝不予允许，留于后人瞻仰，对高颎颇为敬重。不久，又任命高颎为左领军大将军，所任其他官职如故。高颎母亲病故，离职服丧。二十日后，隋文帝令高颎就职听事。高颎流涕辞让，不被允许。

开皇二年（582年），长孙览、元景山奉命伐陈，令高颎节制调度诸军。适逢陈孝宣帝驾崩，高颎以"礼不伐丧"为由，请求班师，被隋文帝采纳。隋文帝向高颎询问谋取陈国的策略，高颎献疲敝陈国之计，被隋文帝采纳。

开皇八年（588年）十月，隋文帝命晋王杨广为行军元帅，率大军伐陈，以高颎为元帅长史。在伐陈战役中，"三军谘禀，皆取断于颎"。隋军攻入建康后，晋王想把陈后主的庞姬张丽华纳为己有。高颎令部下将张丽华杀死。

南陈平定后，高颎因军功加授上柱国，晋爵齐国公，赐布帛九千匹，定食千乘县一千五百户。

高颎深知功成隐退之理，再次上表请求退位，隋文帝为此下诏书说："公识鉴通远，器略优深，出参戎律，廓清淮海，入司禁旅，实委心腹。自朕受命，常典机衡，竭诚陈力，心迹俱尽。此则天降良辅，翊

赞朕躬，幸无词费也。"（《隋书·高颎传》）

右卫将军庞晃以及将军卢贲等人，曾先后说高颎的坏话，隋文帝恼怒，庞、卢二人因此被疏远而免官。为此，隋文帝对高颎说："独孤公犹镜也。每被磨莹，皎然益明。"

不久，尚书都事姜晔、楚州行参军李君才上书，请求罢免高颎。隋文帝不予听取，姜、李二人都惧怕获罪而离去，隋文帝对高颎的礼遇愈发密切。隋文帝临幸并州（今山西太原市西南），令高颎留守京师。还京后，隋文帝赐给高颎缣五千匹，又赐给行宫一所，作为高颎的庄舍。高颎的夫人贺拔氏病重在床，隋文帝派宫中宦官探视，往来于宫中相府，络绎不绝。隋文帝曾亲临高颎府第，赐钱百万，绢万匹，又赐千里马。隋文帝曾从容命高颎与贺若弼谈及平定南陈的事，高颎说："贺若弼先献十策，后于蒋山苦战破贼。臣文吏耳，焉敢与大将军论功！"隋文帝闻言大笑，当时舆论都称赞高颎有谦让的风度。后来又出任元帅击突厥，破敌而还。

隋文帝晚年有废黜太子的意图，想要立晋王杨广为太子，并向高颎征求意见。高颎回答说："长幼有序，其可废乎！"

隋文帝闻言后默然而止。独孤皇后也想立杨广为太子，知道高颎意志不可改变，便在隋文帝面前说高颎的坏话，并诬陷高颎有贰心，终于在开皇十九年（599年）八月将高颎免职为民。

隋炀帝即位后以高颎为太常，因进谏被隋炀帝认为"谤讪朝政"，下诏令将他诛杀。

高颎作为隋文帝名副其实的第一助手，执政近二十年，为强盛隋王朝作出了突出贡献。《隋书·高颎传》对高颎一生的历史功绩有颇为全面的公正评价，现全文摘录如下：颎有文武大略，明达世务。及蒙任寄之后，竭诚尽节，进引贞良，以天下为己任。苏威、杨素、贺若弼、韩擒虎等，皆颎所推荐，各尽其用，为一代名臣。自余立功立事者，不可胜数。当朝执政将二十年，朝野推服，物无异议。治致升平，颎之力也。论者以为真宰相。及其被诛，天下莫不伤惜，至今称冤不已。所有奇策密谋及损益时政，颎皆削稿，世无知者。

苏威字无畏，京兆武功人（今陕西武功）人。父亲苏绰，北魏度支尚书。苏威五岁丧父，周太祖时袭爵美阳县公，仕郡功曹。大冢宰宇文护认为苏威是个人才，把女儿新兴公主嫁给他为妻。苏威见宇文护专权，担心将会祸及自己，便逃入山中，以读书为慰。不久，朝廷授予他使持节、车骑大将军、仪同三司，改封怀道县公。周武帝时，拜稍伯下大夫。北周朝廷对苏威的多次任命，他都没有接受。周宣帝时，苏威就任开府。

杨坚任左大丞相，总揽北周朝政，高颎多次向杨坚推荐苏威，称他是一贤才。杨坚也早闻苏威的大名，便将他召入京师，引入卧室之内交谈，语后大悦。月余以后，苏威闻知杨坚要接受禅让为帝的议论，便逃遁回归乡里。

待到杨坚受禅为帝，召拜苏威为太子少保。不久，又任命他兼任门下省长官纳言、民部尚书。苏威上表辞让，隋文帝诏令说："舟大者任重，马骏者远驰。以公有兼人之才，无辞多务也。"（《隋书·苏威传》）

苏威见诏令而中止辞让，就职视事。

当初，苏威父亲苏绰在西魏任度支尚书时，因国家财用不足，在制定征税法令时，有些过重。税法公布不久，苏绰有些后悔地感叹说："今日所制定和公布的税法，犹如张弓，并非是平世的税法。后来的君子，有谁能弛弓呢？"苏威把父亲的话牢牢记在心里，时时把减轻税法以为己任。苏威被任命为纳言、民部尚书后，上奏隋文帝，请减轻赋役，力求从轻，隋文帝完全听取苏威的意见。在隋文帝面前，苏威日渐亲重，"与高颎参掌朝政"。

苏威见宫中用银制的幔钩，因此向隋文帝大讲节俭的美德，文帝很是重视，下令将宫中的雕饰旧物，一律撤除销毁。一次，隋文帝因发怒将要杀死一人，苏威入阁进谏，文帝不予采纳。隋文帝而愈发大怒，将要亲自出阁问斩，苏威上前阻挡。隋文帝想要避开苏威出阁，苏威又上前遮拦。一怒之下，隋文帝拂袖而去。过了半天，隋文帝召见苏威，表示道歉，说道："相公能够这样，我就没有什么可忧虑的了。"

于是，赐给马两匹，钱十余万。不久，隋文帝又令苏威兼任大理卿、京兆尹、御史大夫，原有官职如故。

治书侍御史梁毗以苏威身兼纳言、民部尚书、大理卿、京兆尹、御史大夫五职，称其恋于揽权，"无举贤自代之心"，上表弹劾。隋文帝为苏威辩护说："苏威朝夕勤于政事，所考虑的都是关乎国家的长远重大问题，纵使举贤不足，怎能因此而急遽地逼迫他！"

隋文帝回首对苏威说："用之则行，舍之则藏，惟我与尔有是夫！""用之则行"这句话系孔子对高足弟子颜渊所言，见于《论语·述而》。隋文帝引用这句话，意在说明他对苏威的器重。

言罢，隋文帝又对在场的朝廷大臣们说："苏威如不是遇到我，胸中的韬略无处运用；我如果得不到苏威，怎能施行他的治国之道。杨素的文采口才举世无双，至于斟酌古今，辅佐我传布德化，则比不上苏威。苏威如果遇到乱世，他会像商山四皓（汉初不肯与刘邦合作的四名隐士东园公、甪里先生、绮里季、夏黄公，隐居于商山中。吕后用张良之计，使四位隐士成为太子刘盈的门客，刘邦才放弃废太子刘盈的念头）那样，难道能使他出山屈就吗！"

隋文帝对苏威的器重，于此可见。

不久，苏威被任命为刑部尚书，同时解除了他的太子少保、御史大夫的职务。后来，废置京兆尹，苏威检校雍州别驾。当时，"高颎与威同心协赞，政刑大小，无不筹之，故革运数年，天下称治。"（《隋书·苏威传》）不久，转任民部尚书，纳言职务如故。当山东诸州发生饥荒时，隋文帝派他到山东地区赈恤百姓。两年后，迁任吏部尚书。一年后，兼领国子祭酒职务。隋王朝上承战乱之后，制度杂乱，隋文帝令他改革旧法，立一代通典，法律方面的律、令、格、式，大多为苏威所定，时人无不称赞他的才能。

开皇九年（589年），苏威被任命为尚书右仆射，与高颎并肩，共同执掌朝政。这一年，苏威因母亲病故而离职服丧，悲哀过度。隋文帝敕令苏威说："相公德行高于常人，情寄殊重，大孝之道，盖同俯就。必须节哀，为国家爱惜身体。朕对于相公，是君是父，应按照朕的旨意，依礼保重身体。"

不久，隋文帝令苏威就职视事，苏威一再辞谢，诏令不许。第二年，隋文帝驾临并州，命苏威与高颎共同留守京师；不久又将苏威调至皇帝所在处所，令他断决民间诉讼。

后来，国子博士何妥上奏苏威与礼部尚书卢恺、吏部侍郎薛道衡、尚书右丞王弘、考功侍郎李同和等人结为朋党，隋文帝令蜀王杨秀、上柱国虞庆则立案审理，证据确凿。隋文帝以《宋书·谢晦传》谈及朋党事，令苏威阅读。苏威惶恐畏惧，免冠叩头，向隋文帝请罪，隋文帝说："此时谢罪，已经晚了。"于是免去苏威的官爵。

不久，隋文帝说："苏威是位有德行的人，只是被他人所误而已。"

于是下令苏威可以入宫言事。一年过后，又恢复苏威的爵位，任命为纳言。随从隋文帝祭泰山，以不敬罪被免官，不久又恢复官位。隋文帝对群臣说："世人说苏威诈称清廉，家中金玉累积，这话纯属妄言。然而他性情猛烈，不切合世事，求名太甚，听从他便喜悦，违背他则恼怒，这是他的大毛病。"

不久，隋文帝令他持节巡抚江南，授予他"便宜从事"的大权。当时，突厥都蓝可汗多次入寇边境，隋文帝派苏威至突厥牙帐，与突厥可汗和亲，都蓝可汗向朝廷贡献特产。因勤劳国事，苏威进位大将军。

仁寿初年，隋文帝又任命苏威为尚书右仆射。隋文帝临幸仁寿宫，以苏威为京城留守。文帝还京，御史上奏苏威职事多不治理，皇帝大怒，责问苏威。苏威谢罪，隋文帝亦不追究。后来，隋文帝临幸仁寿宫，病重，皇太子杨广自京师来侍奉疾病，诏令苏威留守京师。

苏威于隋文帝在位期间，以门下省长官纳言先后兼任民部尚书、大理卿、京兆尹、御史大夫，又迁任刑部尚书、民部尚书、吏部尚书、国子祭酒，直至担任尚书右仆射、大将军等重要职务，为隋王朝的法律制度及其他制度建设作出了重大的贡献，是隋文帝手下仅次于高颎的第二助手。《隋书·苏威传》有如下一段评价，颇为全面公正，现摘引如下：威治身清俭，以廉慎见称。每至公议，恶人异己，虽或小事，必固争之。时人以为无大臣之体。所修格令章程，并行于当世.然颇伤苛碎，论者以为非简允之法。

至于苏威在隋炀帝以及隋末唐初的行状，这里略而不述。

杨素字处道，弘农华阴（今陕西华阴）人，祖父杨暄，北魏时任辅国将军、谏议大夫。父亲杨敷，北周时任汾州刺史。杨素少年时放浪不羁，胸有大志，不拘小节，世人多不了解他。后来与牛弘同志好学，研精不倦，多所通涉。善于写文章，工于草书、隶书，颇留意于占卜之术，美须髯，仪表英俊。北周大冢宰引他为记室，后转礼曹，加大都督。周武帝拜杨素为车骑大将军，仪同三司，逐渐受到礼遇。周武帝命杨素起草诏书，杨素下笔立成，词义兼美。武帝称赞杨素，对他说："善自勉之，勿忧不富贵。"

"臣但恐富贵来逼臣，臣无心图富贵。"（《隋书·杨素传》）杨素颇为自负地应声回答。

在北周平齐的战役中，杨素屡立战功。平定齐国后，加上开府，改封成公县公，食邑一千五百户。

周宣帝即位后，随从韦孝宽攻取淮南，杨素率军攻下盱眙、钟离等城。

杨坚任左大丞相时，杨素与杨坚深自结纳，杨坚很器重他，任命他为汴州刺史。赴任途中到达洛阳，适逢尉迟迥发兵作乱，荥州刺史宇文胄占据武牢响应尉迟迥，杨素不得前进。杨坚任命杨素为大将军，征发河南士兵攻击宇文胄，胄大败。杨素迁徐州总管，进位柱国，封清河郡公，邑两千户。

杨坚即皇帝位，杨素加官上柱国。开皇四年（584年）被任命为御史大夫。杨素的妻子郑氏凶悍，一次，杨素在愤怒时顺口说了这样一句话："我若作天子，卿定不堪为皇后。"

郑氏将杨素恼怒时无意说出的这句话上奏皇帝，杨素因此被免官。

开皇七年（587年），隋文帝决意攻取南陈，杨素献取陈的计策，不久被任命为信州总管。杨素于永安（今四川奉节）建造大型战舰，于开皇八年（588年）被任命行军元帅，从长江上游率舟师下三峡大败陈军，陈军望风而逃，称杨素为"江神"。平陈后，杨素被任命为荆州总管，晋爵郢国公，食邑三千户。又改封越国公，于开皇九年（589年）七月为门下省长官纳言；开皇十年（590年）七月又转任内史省长官内史令。

不久，江南地区李棱等人聚众为乱，大者数万，小者数千，共相影响，杀死地方官吏，朝廷以杨素为行军总管，率兵讨伐，大多被平定。隋文帝以杨素久劳于外，诏令入朝。杨素以江南尚未全部平定，恐力后患，又请求前往，隋文帝下诏书予以褒奖，令他再次前往，果然江南大定。隋文帝给予杨素厚重的赏赐，于开皇十二年（592年）十二月任命杨素为尚书右仆射。

杨素性疏而多辩，颇为自负，朝廷大臣之中，他推戴高颎，敬重牛弘，与薛道衡交往密切，根本没有把苏威放在眼里。至于朝廷其他权贵，大多受杨素的欺压。《隋书·杨素传》评论说：其才艺风调，优于高颎，至于推诚体国，处物平当。有宰相识度，不如颎远……素多权略，乘机赴敌，应变无方，然大抵驭戎严整，有犯军令者，立斩之，无所宽贷。

仁寿初年，杨素代高颎为尚书左仆射，成为隋王朝的执政大臣，参与废立太子的谋划。炀帝即位后升任尚书令，相继任命他为太子太师、司徒，于大业二年（606年）病卒。

虞庆则于开皇元年（581年）进位大将军，迁任内史监、吏部尚书、京兆尹，封彭城郡公。开皇二年（582年）被任命为讨伐突厥的行军元帅，升任尚书右仆射。使突厥，使突厥摄图拜受诏书，称臣朝贡，授上柱国，封鲁同公。开皇十七年（597年），虞庆则因受人诬陷被诛杀。

李德林于杨坚即皇帝位时，因功被任命为内史令。虞庆则劝隋文帝尽灭宇文氏，高颎、杨惠迟疑不决，听从隋文帝的旨意，唯有李德林以为不可。隋文帝大怒说："君读书人，不足平章此事。"于是，尽诛宇文氏。李德林从此官位品级不再增加，位于高颎、虞庆则之下。

隋文帝在位期间，中央政府的九卿之中，亦可谓人才辈出，这里仅就牛弘、长孙晟的事迹略述如下。

牛弘字里仁，安定（今甘肃泾川北）人。牛弘"性宽裕，好学博闻"，隋文帝即皇帝位，任命牛弘为散骑常侍、秘书监，曾上表请开献书之路。开皇三年（583年），牛弘被任命为礼部尚书，奉敕令修撰《五礼》，勒成百卷，行于当世。开皇六年（586年），牛弘被任命为太常卿。开皇九年（589年）十二月，隋文帝诏令太常卿牛弘、通直散骑常侍许善心、秘书丞姚察、通直郎虞世基等人议定作乐，隋文帝对牛弘甚为敬重。

当时，杨素恃才矜贵，轻侮朝廷大臣，唯有见牛弘"未尝不改容自肃"。牛弘被任命为吏部尚书后，隋文帝命牛弘与杨素、苏威、薛道衡、许善心、虞世基、崔子发等人召集诸儒，论新礼降杀轻重。牛弘所提出的立议，众人皆服。仁寿二年（602年），独孤皇后驾崩，丧礼的仪注不能确定。杨素请牛弘定丧礼仪注，牛弘亦不辞让，很快就定出仪注，皆有根掘。杨素感叹地说："衣冠礼乐尽在此矣，非吾所及也。"

牛弘在吏部尚书任上，坚持"先德行而后文才"的选官原则，务求"审慎"。凡选用的官吏，大多称职。吏部侍郎高孝基，"鉴赏机晤，清慎绝伦"，爽俊有余，而行迹似有轻薄，当时的宰相们都怀疑高孝基是否称职，唯有牛弘深知高孝基，推心置腹，委以重任。隋朝选举官吏，以高孝基任吏部侍郎期间最有佳绩。当时的人因此而愈发佩服牛弘有鉴别人才的高深见识。

长孙晟字季晟，"性通敏，略涉书记，善弹工射，趫捷过人。"（《隋书·长孙晟传》）。十八岁时为司卫上士，周武帝宇文邕一见而嗟异，携其手对他人说："长孙郎武艺逸群，适与其言，又多奇略，后之名将，非此子邪？"

隋文帝在位期间，长孙晟多次出使突厥，献"远交而近攻，离强而合弱"之策，为隋文帝安抚突厥做出了重大贡献。其主要事迹，本书第六章已有所述。《隋书》本传载史臣评论："晟体资英武，兼包奇略，因机制变，怀彼戎夷。倾巢尽落，屈膝稽颡，塞垣绝鸣镝之旅，渭桥有单于之拜。惠流边朔，功光王府，保兹爵禄，不亦直乎！"

武将战功，亲民官吏

在平定三边、攻取南陈、出击突厥的历次战役中，为隋文帝统率千军万马、驰骋疆场并立有赫赫战功的一代名将，举不胜举。韦孝宽、杨素的事迹，前文已有所述。这里只介绍贺若弼、韩擒虎、史万岁三人。

贺若弼字辅伯，河南洛阳人。父亲贺敦，以武烈闻名，曾任北周的金州总管，因遭到宇文护的嫉恨而被害。临刑前，贺敦把儿子贺若弼呼至面前，对他说道："吾必欲平江南，然此心不果，汝当成吾志。且吾以舌死，汝不可不思。"

说完，贺敦用锥子将贺若弼舌头刺伤出血，告诫他牢记祸从口出，要慎于言语。

"弼少慷慨，有大志，骁勇便弓马，解属文，博涉书记，有重名于当世。"（《隋书·贺若弼传》）

北周齐王宇文护，闻知贺若弼的名声，引为记室，不久封当亭县公，迁小内史。周武帝时，上柱国乌丸轨对武帝说："太子非帝王器，臣亦尝与贺若弼论之。"周武帝召贺若弼询问此事，若弼知道太子的地位已不可动摇，担心祸及自身，便说："皇太子德业日新，未见有什么缺点。"周武帝闻听后默然不语。贺若弼从宫中退出，乌丸轨责怪他背叛自己，贺若弼说："君不密则失臣，臣不密则失身，所不敢轻议也。"待到周宣帝宇文赟即位，乌丸轨被诛，贺若弼免于祸难。不久，任命他为寿州刺史，改封襄邑县公。杨坚任左大丞相，尉迟迥作乱于邺城，杨坚担心贺若弼有变，派长孙平急速前往替代他的职务。

隋文帝心中有平定南陈的志向，访求主将。高颍说："朝廷大臣之中，以文武才干而论，无人比得上贺若弼。"

隋文帝赞成高颍的意见，于是任命贺若弼为吴州（今江苏苏州市）总管，委以平定陈国的重任。贺若弼欣然接受，与寿州（今安徽寿春）总管源雄并为重镇。贺若弼作诗赠源雄，其诗曰：

交河骠骑幕，合浦伏波营。

勿使骐麟上，无我二人名。

贺若弼曾向隋文帝献取陈十策，文帝称善，并赐以宝刀。

开皇九年（589年），隋文帝派八路大军大举伐陈，五十余万大军均受晋王杨广统一调度指挥，贺若弼以行军总管率一路大军从广陵（今江苏扬州市）出发。渡江前，贺若弼洒酒祭祀江神，说道："弼亲奉朝廷之命，远振国威，吊民伐罪，除凶翦暴。上天长江，鉴其若此。如使福善祸淫，大军利涉；如事有乖违，得葬江鱼腹中，死且不恨。"

渡江后，贺若弼率兵攻克南徐州，于蒋山（今南京市紫金山）大战获胜，从北掖门攻入建康城。隋文帝闻知贺若弼立有大功，十分高兴，下诏书褒杨。

隋文帝命贺若弼登御坐，加位上柱国，晋爵宋国公，又赐陈叔宝妹为妾，拜右领军大将军，不久又转任右武侯大将军。

贺若弼自以为功名出乎朝廷大臣之上，每每以宰相自居。待到杨素被任命为尚书右仆射，若弼仍为将军，心中甚为不平，言语间多有表露，因而被免官。贺若弼愈发心怀不满，数年后，被下狱问罪。隋文帝对他说："我以高颎、杨素为宰相，你经常宣扬说这两个人只能吃饭而已，用意何在？"

"高颎是臣的故友，杨素是臣的舅子，臣知道他们的为人，确实说过那样的话。"贺若弼回答。

公卿们上奏贺若弼对皇上心怀不满，罪当处死。隋文帝悯惜他功高，仅给予免官为民的处分。一年过后，又恢复贺若弼的爵位，但不再任命官职。然而，每有宴赐，对贺若弼的礼遇甚厚。

一次，突厥来使朝贡，隋文帝赐射，突厥一射正中靶心。隋文帝说："非贺若弼无人能比得上。"于是命贺若弼比射。贺若弼再拜而祝愿说："臣若是赤诚奉国的人，当一发破的；如其不然，发不中也。"于是贺若弼张弓搭箭，一发而中。文帝大悦，回首对突厥使者说："此人，天赐我也。"

杨广为太子时，在东宫曾对贺若弼说："杨素、韩擒虎、史万岁三人，俱称良将，优劣如何？"

"杨素是猛将，非谋将；韩擒虎是斗将，非领将；史万岁是骑将，非大将。"贺若弼答。

"然则大将谁也？"太子杨广问。

"唯殿下所择。"贺若弼再拜而答，言下之意是以大将自许。

隋炀帝即位后，贺若弼于大业三年（607年）被诛。

韩擒虎字子通，河南东垣（今河南新安）人。父韩雄，以武烈闻名，北周时官至大将军，洛、虞等八州刺史。"擒虎少慷慨，以胆略见称，容貌魁岸，有雄杰之表。性又好书，经史百家皆略知大旨。"

谋登大宝

隋朝开国奇谋

（《隋书·韩擒虎传》）

北周时曾屡立战功，加上仪同，拜永州刺史，以行军总管击败已经逼近光州（今河南淮河以南、竹竿河以东地区）的陈国军队。

杨坚任左大丞相时，韩擒虎迁任和州（今安徽和县）刺史。陈军屡次进犯江北，韩擒虎便率军挫伤敌军，陈军因此而丧失胆气。开皇初年，高祖胸怀吞并江南的意志，以为韩擒虎有文武才干，早有名声，于是任命他为庐州（今安徽合肥市）总管，委以平定陈国的大任，敌人很是惧怕他。

开皇九年（589年），隋文帝大举伐陈，庐州总管韩擒虎率一路大军从庐江（今安徽庐江）出兵，任伐陈先锋。韩擒虎率五百人在夜间于采石（今安徽当涂采石矶）渡江，所向披靡，攻入建康城，俘陈叔宝。隋文帝闻知韩擒虎、贺若弼大败陈军，攻克建康，十分高兴，下诏书于晋王杨广，表彰韩、贺二人。诏书说："此二公者。深谋大略，东南逋寇，朕本委之，静地恤民，悉如朕意。九州不一，已数百年．以名臣之功，成太平之业，天下盛事，何用过此。闻以欣然，实深庆快。平定江表，二人之力也。"赐韩、贺布帛万段，又下诏书于韩、贺二人，予以褒奖。诏书说："申国威于万里，宣朝化于一隅，使东南之民俱出汤火，数百年寇旬日廓清，专是公之功也。高名塞于宇宙，盛业光于天壤，逖听前古，罕闻其匹。班师凯入，诚知非远，相思之甚，寸阴若岁。"

平定江南以前，江南便流传着一首歌谣：

黄斑青骢马，发自寿阳涘。

来时冬气末，去日春风始。

当时，人们都不知这首歌谣是什么意思。原来，韩擒虎本名豹，平陈时又乘青骢马，往返的时节与歌谣正好相应，至此，人们才明白。后来，突厥使者来京朝见天子，隋文帝对使者说："你听说过江南有陈国天子吗？"

"听说过。"使者回答。

隋文帝命左右的人把突厥使者领到韩擒虎面前，说道："他就是捉拿陈国天子的那个人。"

韩擒虎怒目而视，突厥使者惶恐，不敢仰视，可见韩擒虎的威容。另封韩擒虎为寿光县公，食邑一千户，以行军总管驻守金城，防御突厥，当即拜他为凉州总管。

不久，隋文帝召韩擒虎还京，恩礼甚厚。又过了不久，韩擒虎患疾而死，时年五十五岁。

史万岁，京兆杜陵（今陕西西安市东南）人，父亲史静，曾任北周沧州刺史。"万岁少英武，善骑射，骁捷若飞。好读兵书，兼精占候。"（《隋书·史万岁传》）史万岁十五岁时，正值周、齐交战于芒山（今河南永城县东北），他当时随父从军。当两军旗鼓刚刚相望时，史万岁令左右督促治装急去，不久周军大败，父亲因此感到儿子并非寻常。周武帝时，父亲在平齐战役中死于疆场，史万岁以忠臣子，拜开府仪同三司，袭爵太平县公。

尉迟迥作乱时，史万岁随从梁士彦出击，大军驻扎于冯翊（今陕西大荔），见有群雁飞来，史万岁对梁士彦说："请试看射行第三只。"史万岁张弓搭箭，雁行中第三只应弦而落地，三军无不悦服。待到与尉迟迥军队相遇，史万岁每战必首先登城。在攻打邺城的决战之时，隋军稍怯，史万岁对左右说："事急矣，吾当破之。"于是史万岁驰马奋击，杀数十人，部众也随同齐心奋力作战，隋军士气才振作起来。待到尉迟迥被平定，因军功被拜为上大将军。

尔朱勋以谋反罪被诛杀，史万岁受牵连被免官为民，并发配到敦煌为戍卒。史万岁的戍卒主甚为骁武，经常单骑深入突厥中，掠取羊马，大有所获。突厥无论众寡，都不敢抵挡他。戍卒主很自负，曾多次辱骂史万岁。史万岁不愿再忍受辱骂，便向戍主说自己也有武功。戍主令万岁试射，史万岁请求弓马，入突厥掠夺，得六畜而归。戍主从此善待史万岁，经常与他同行，突入突厥数百里，名振北夷。

窦荣定率大军击突厥，史万岁亲自到辕门请求为国效力。荣定早就知史万岁的大名，见面后十分高兴。荣定请与突厥"各遣一壮士决胜负"，突厥派出一骑挑战，窦荣定派史万岁出阵应战，史万岁急驰斩突厥骑兵首级而还阵，突厥大惊，不敢复战，引军而去。史万岁因此拜上仪同、领车骑将军。平定南陈的战役后，又因军功加上开府。

高智慧等人作乱于浙江，史万岁以行军总管率兵随从杨素出击。史万岁率众两千人，自东阳（今浙江金华）从别道进军，翻岭越海，攻陷溪洞不可胜数。前后交战七百余次，转战千余里，与大军失去联系百日，杳无消息，远近都以为史万岁战死疆场。其实，史万岁是由于山水阻隔，信使不通。为此，他将书信置于竹筒中，使其顺溪水漂流。隋军汲水士卒得竹筒，献于杨素，杨素大悦，并禀报隋文帝。文帝为史万岁的事迹大为嗟叹，赐其家钱十万。归还京师后，拜史万岁为左领军将军。

在此以前，南宁（今云南曲靖西北）夷爨翫降隋，被隋文帝任命为昆州刺史，不久又叛变隋朝。隋文帝以史万岁为行军总管，率众出击，取道蜻蛉川（今云南大姚河流域一带），抵达南中（泛指今四川省大渡河以南和云、贵两省）。贼兵前后据守要塞，皆被史万岁击破。前行数百里，见当年诸葛亮七擒孟获时所立纪功碑，碑的背后刻有铭文：万岁之后，胜我者过此。

史万岁令左右推倒纪功碑，继续前进，渡西二河，入渠滥川，行军千余里，击破三十余个部落，俘虏男女两万余口。西南诸夷大惊，派使请降，所献明珠直径长达一寸。于是，史万岁在当地刻石歌颂隋朝功德。史万岁派使急驰入朝上奏，请携同爨翫入朝，隋文帝诏令允许。爨翫对朝廷怀有贰心，不想到京城朝见天子，便用金宝贿赂史万岁，史万岁舍弃爨翫而还。蜀王杨秀当时镇守益州（今四川成都市），得知史万岁接受贿赂，派使臣前往索取。史万岁闻知后将所受金宝沉于江中，来使一无所获。史万岁因军功进位柱国，令他督杨广晋王府军事。第二年，爨翫又反叛，蜀王杨秀上奏史万岁受赂纵贼，致生变患。隋文帝下令追查此事，证据确凿，依法当处死。文帝责问史万岁，史万岁拒不认罪。隋文帝大怒，回首对有关官员说："明日将斩之。"这时，史万岁才惧而服罪，顿首请命。尚书左仆射高颎、左卫大将军元旻等人向隋文帝进言："史万岁雄略过人，每行兵用师之处，未尝不身先士卒，尤善抚御，将士乐为致力，虽古名将未能过也。"

隋文帝怒意稍解，于是将史万岁免官为民。一年过后，又恢复史万岁的官爵。不久又任命他为河州刺史、领行军总管，以防御突厥入侵。

开皇末年，突厥达头可汗入侵边塞，隋文帝命晋王杨广以及杨素出兵于灵武道，汉王杨谅与史万岁出兵于马邑道。史万岁率柱国张定和、大将军李药王、杨义臣出塞进军，到达大斤山（今内蒙古大青山）与突厥相遇。达头可汗闻知史万岁率大军前来，恐惧而引兵离去。史万岁急驰百余里追击。大败敌军，斩首数千级，深入大漠以北数百里。尚书左仆射杨素嫉妒史万岁的战功，向隋文帝诬陷史万岁。隋文帝不予明察，一怒之下，下令将史万岁处死，天下无不称冤。

梁彦光字修芝，安定（今甘肃泾川北）乌氏人。祖父梁茂，曾任北魏秦、华二州刺史；父亲梁显，曾任北周荆州刺史。少年时以"至孝"闻名乡里。北魏大统末年，梁彦光"入太学，略涉经史，有规检，造次必以礼"。十七岁初入仕途，周武帝时累迁小驭下大夫，后转任小内史下大夫、御正下大夫，因随从周武帝平齐有功，授开府、阳城县公，食邑千户。周宣帝即位，拜华州刺史，进封华阳郡公。不久，进位上大将军，迁御正上大夫，不久又拜柱国、青州刺史。

隋文帝即皇帝位，任命梁彦光为岐州（今陕西凤翔）刺史，兼领岐州宫监。开皇二年（582年），隋文帝临幸岐州，因梁彦光颇有政绩，下诏书予以褒扬。诏书说："赏以劝善，义兼训物。彦光操履平直，识用凝远，布政峻下，威惠在人，廉慎之誉，闻于天下……凡曰官人，慕高山而仰止，闻清风而自励。"与此同时，对梁彦光多所赏赐。

隋文帝诏书的内容表明，他褒奖梁彦光，目的在于树立他作为地方官员所效仿的榜样，使天下地方官员"闻清风而自励"。

彦光任岐州刺史期间，因当地风俗质朴，因而以静抚民，"合境大化，奏课连最，为天下第一"。数年以后，梁彦光转任相州刺史。按照在岐州所用办法来治理州县，然而邺都（即相州治所所在地）人多变诈，为他编了一首歌谣，称梁彦光不能理政化民，隋文帝闻知后大加谴责，将梁彦光免官。一年过后，又任命梁彦光为赵州（今河北隆尧东旧城）刺史。到任后，梁彦光上书隋文帝："请复为相州，改弦易调，庶有以变其风俗。"隋文帝恩准这一请求。梁彦光再次出任相州刺史，当地的豪绅和奸猾刁民闻知彦光请命而来，无不嗤笑。梁彦光到任后，揭发隐匿的坏人坏事，有如神明。于是，境内狡猾的刁民无不潜逃流窜他方，全州大为惊骇。为革除弊端，梁彦光用自己的俸禄招致山东大儒，于相州每乡设立学校，除非圣贤哲人之书，不得教授。于每季首月召集全州诸生，亲自考试策问，有勤学超群、品行优异者，升堂设馔；其余并坐于廊下。有喜好争讼、懒惰而学业无成者，坐于庭中，予以粗劣的食物。于是，相州"风俗大改"。

有一滏阳人焦通，酗酒成性，事亲礼缺，被叔伯兄弟告于官府。梁彦光没有将焦通依法治罪，而是将他带到州学，令他参观孔子庙。庙中有一画像，画的是韩伯瑜受母杖打，他因感不到疼痛，为母亲力弱而感到悲哀，因而面对母亲哭泣。在这幅画像的感召下，焦通"既悲且愧，若无自容"。梁彦光将焦通训谕一番，让他回归乡里。后来，焦通痛改前非，终成善士。

梁彦光于相州刺史任上以德化人，皆如此类。从此，"吏人感悦，略无争讼"。数年后，彦光卒于任上，时年六十岁。

樊叔略，陈留（今河南开封市西北）人。父亲樊欢，曾任北魏南兖州刺史，被高氏诛杀，叔略年幼，遭受腐刑，给使殿省。"身长九尺，志气不凡"（《隋书·樊叔略传》）。周武帝伐齐，樊叔略率领精锐部队，每战身先士卒，因军功加上开府，进封清乡县公，拜汴州刺史。周宣帝于洛阳营建东京，因叔略"有巧思"而被任命为营构监，"宫室制度皆叔略所定"，功未成而宣帝驾崩。尉迟迥作乱，杨坚命叔略镇守大梁（今河南开封市），宇文威来攻，被叔略击走。叔略因军功拜大将军，再次被任命为汴州刺史。

隋文帝即皇帝位，樊叔略加位上大将军，晋爵安定郡公。叔略任汴州刺史数年，政绩突出，"甚有声誉"。邺都风俗浅薄，号称难以教化。朝廷因叔略在汴州政绩著称，调他任相州刺史，政绩天下第一。隋文帝降玺书褒扬赞美叔略，赐布帛三百段，粟米五百石，颁示天下。相州百姓为叔略编了一首歌谣，颂扬他的政绩与恩德：

智无穷，清乡公。

上下正，樊安定。

不久，朝廷调樊叔略任司农卿，主管全国农政。离任前，相州吏民"莫不流涕，相与立碑颂其德政"。

樊叔略就任司农卿，"凡种植，叔略别为条制，皆出人意表。"朝廷中有疑滞之事而"公卿所未能决者，叔略辄为评理"。叔略虽无学术，但处理政务皆有所依据，师心独见，暗与理合。《隋书·樊叔略传》又载：叔略"甚为上所亲委，"高颎、杨素亦礼遇之。叔略虽为司农卿，往往参督九卿事。性颇豪侈，每食必方丈，备水陆。十四年，从祠泰山，行至洛阳，上令录囚徒。具状将奏，晨起，至狱门，于马上暴卒"，时年59岁，隋文帝悼惜久之。

赵轨，河南洛阳人。父亲赵肃，北魏时曾任廷尉卿。"轨少好学，有行检。周蔡王引为记室，以清苦闻。迁卫州治中。"（《隋书·赵轨传》）

隋文帝即皇帝位，赵轨转任齐州别驾，颇有名声。家宅东邻有一桑树，桑葚落于赵家院中，赵轨派人全部拾起后送还邻居，并且就此事告诫他的几个儿子说："我不是以此来求得名声，只是不属于自己的劳作产物，不愿侵占他人。你们应当以此引为诫鉴。"

赵轨在齐州任职四年，考绩连年最上。持节使者邰阳公梁子恭向隋文帝上奏，文帝嘉奖赵轨，赐布帛三百段，米三百石，征调赵轨入京。离任前，齐州父老挥泪相送，说道："别驾在官，水火不与百姓交，是以不敢以壶酒相送。公清若水，请酌一杯水奉饯。"赵轨被父老们的一片至诚之意所感动。接过水杯，一饮而尽。

到达京师后，诏令赵轨与牛弘撰定律令格式。数年后，调任硖州刺史，任上对百姓甚有恩惠。

不久，转任寿州（今安徽寿县）总管长史。地处寿州的芍陂原系春秋楚国令尹孙叔敖所建，是一个古老的农田水利工程，旧有五门堰，此时已"芜秽不修"。赵轨带领百姓更开三十六个闸门，灌田五千余顷，"人赖其利。"任职期满，回归乡里，卒于家中，时年六十二岁。

房恭懿字慎言，河南洛阳人。父亲房谟，北齐时曾任吏部尚书。"恭懿性沉深，有局量，达于从政。"（《隋书·房恭懿传》）北齐时，历任平恩令、济阴太守，颇有政绩。由于参与尉迟迥之乱，兵败后居于家中。

开皇初年，经吏部尚书苏威荐举，恭懿任新丰（今临潼东北新丰镇）令，政绩为三辅之最。隋文帝闻知后予以嘉奖，赐布帛四百段，恭懿将文帝所赐布帛分给穷困的人。不久，又将所受赏赐三百石米赈济贫人。隋文帝闻之后予以制止。当时，雍州所属各县县令，按例每月初一朝见天子时，隋文帝总是把恭懿呼至榻前，访求教化百姓的方法。苏威推荐恭懿，破格任命其为泽州司马，因政绩突出，天子赐布帛百段、良马一匹。

房恭懿调任德州司马，在职一年有余，卢恺又上奏恭懿政绩为天下之最，隋文帝又赐布帛百段，对各州朝集使说："如房恭懿志存体国，爱养我百姓，此乃上天宗庙之所佑助，岂朕寡薄能致之乎！朕即拜为刺史。岂止为一州而已，当令天下模范之，卿等应宜师学也。"

隋文帝对房恭懿的褒奖、赏赐表明，他的用意在于以恭懿为"模范"，使令天下官吏效法"志存体国，爱养我百姓"。

史称隋文帝因此而提拔房恭懿为海州刺史。

可见，是梁彦光、樊叔略、赵轨、房恭懿等一批贤能州县官吏的模范事迹，特别是隋文帝极力提倡和对吏治的重视，才形成了"由是州县吏多称职，百姓富庶"局面的出现。

公孙景茂字元蔚，河间阜城（今河北阜城）人。"容貌魁梧，少好学，博涉经史。"（《隋书·公孙景茂传》）北魏时曾任太常博士，人称"书库"，后任高唐令、大理正。周武帝时，授济北太守。

开皇初年，诏征入朝，拜汝南太守，转曹州司马，不久调任息州刺史，"法令清静，德化大行。"平定南陈战役时，征夫有路遇疾病者，景茂撤减俸禄，煮粥汤药赈济，赖此以全活者以千数。隋文帝闻知后嘉奖，诏告天下。

开皇十五年（595年），隋文帝临幸洛阳，景茂拜见，时年七十七岁。文帝命他升殿入座，问他有多大年纪，景茂如实答对。隋文帝哀怜他年迈，感叹很久。景茂再拜说："吕望八十而遇文王，臣逾七十而逢陛下。"

隋文帝闻言甚为高兴，赐布帛三百段，并下诏书说："景茂修身洁己，耆宿不亏，作牧化人，声绩显著。年终考校，独为称首，宜升戎秩，兼进藩条。可上仪同三司、伊州刺史。"

后景茂转任道州刺史，以他的秩俸买牛犊鸡猪，救济孤弱百姓。他喜好单骑巡访民间，到家户中阅视百姓产业：有成绩者予以褒扬称述；如有过恶，则随时训导。因此"人行义让"，男耕女织，大村或数百户，皆如一家之务。后来又请求退休，隋文帝诏令听取。

仁寿年间，上明公杨纪奉命出使河北，见景茂神力不衰，还京上奏隋文帝，于是拜景茂为淄州刺史。

公孙景茂于大业初年卒于任上，时年八十七岁。一生任职之处，"皆有德政。论者称为良牧。"

辛公义，陇西狄道（今甘肃临洮）人。祖父辛徽，北魏徐州刺史；父亲辛季庆，北魏青州刺史。周武帝时，公义随从平定齐国，累迁掌治上士、扫荡将军。杨坚任左大丞相，公义被授予内史上士，参掌机要。开皇元年（581年），任主客侍郎，兼管内史舍人事，赐爵安阳县男，食邑两百户。每当陈国使臣来京，公义经常奉诏接待宴请。转任驾部侍郎，被派往江陵（今湖北江陵）安辑边境。开皇七年（587年），使令公义勾检诸马牧，所获十余万匹。隋文帝高兴地说："唯我公义，奉国罄心。"（《隋书·辛公义传》）

开皇九年（589年），辛公义随从大军参加平定南陈的战役，因军功被任命为岷州（今甘肃岷县）刺史。岷州境内有畏惧疾病的风俗，如果一人有病，全家人躲避，父子夫妻也不相看养，孝义之道断绝，害病者大多死去。辛公义以此为忧虑，想要改变这一风俗。公义派官吏寻访病人，令其自带床舆来州府大厅安置。盛夏疾病流行时，病人多达数百，州府的厅廊内排满了病床。公义在厅廊病床中间自设一榻，独坐其间，从早到晚，面对着患者处理公务。他本人所领取的秩俸，全部用来买药，为病人找医生治疗，亲自劝病人时进饮食，于是病人全部痊愈。这时，公义将病人的亲属召来，向他们解释说："人死生有命，与看护病人无关。从前有病则弃之不理，所以都死了。如今我把病人聚集州府大厅，我亲自坐卧于患者之间，如果说能相互传染，我哪得不死！病人今日已全部痊愈，你们今后不要再相信那些。"

病人的家属都惭愧万分，感谢刺史的大恩大德。后来，人有患病者，都争相到州府来；那些无有亲属的患者，便留养于府中。从此，岷州境内始相慈爱，风俗大革，境内百姓都称辛公义为"慈母"。

后来，公义调任牟州刺史。下车伊始，公义首先来到狱中，露天坐于牢狱一侧，亲自验问。十余日间，全部决断完毕。然后，公义才来到州府大厅办公。在接受新受理的诉讼案件时，都暂且先不立案，派有关僚佐一人，侧坐讯问。如果处理不尽，公义便停止厅内公务，终日不还阁休息。有人劝辛公义说："这些事自有程式，使君为什么如此劳苦自己？"

"作为刺史，无德政可以教导人民，尚且使百姓身系于囹圄之间，难道有禁人于狱中而内心尚自安然的吗？"辛公义回答说。

罪犯闻知刺史的这番话，无不诚心归服。后来，有想要诤讼的人，乡间闾里的父老们便相互告知："此等小事，怎么忍心去勤劳使君。"诤讼者大多相互忍让而中止诤讼。

当时，山东阴雨不止，自陈州、沧州至于沧海，都苦于水灾，而牟州境内却独无水害。

仁寿年间，任命公义为扬州道黜陟大使。豫章王杨暕担心州内官僚犯法，在公义尚未入州境前，预先令公义"关照"，辛公义回答说："奉诏不敢有私。"公义卒于大业年间，时年六十二岁。

刘旷"性谨厚，每以诚恕应物。"（《隋书·刘旷传》）开皇初年，任平乡县令，单骑赴任。任职后，遇有诤讼者，便百般叮咛，晓以义理，不加以刑罚，诤讼者各自引咎而去。所得俸禄，刘旷全部用来赈济贫困百姓。百姓被刘旷的德政所感化，便互相劝勉自励说："有这样的好使君，怎可以为非作歹！"

刘旷于平乡任职七年，风教大化，狱中无囚犯，诤讼绝息，狱中长满了杂草，可张网捕鸟。待刘旷离职时，官吏百姓无论长少，都号泣于道路，送别的人数百里不绝。刘旷调任临颍县令，清名善政，为天下第一。

尚书左仆射高颎将刘旷的事上奏，隋文帝召见了他。接见时，隋文帝慰劳他说："天下县令固多矣，卿能独异于众，良足美也。"又对左右侍臣说："若不殊奖，何以为励！"于是，隋文帝下诏书提拔刘旷为莒州刺史。

隋文帝在位的二十五年间，有这样一批清廉官吏任州县的亲民之官，加之皇帝的经常褒奖，致使开皇年间吏治可谓清明，这无疑是隋初国家昌盛、百姓富庶的重要原因之一。

第八章
政治修明，国泰民安

　　陈朝一灭亡，隋文帝杨坚就发表和平诏告，宣布："代路既夷，群方无事，武力之子，俱可学文，人间甲仗，悉皆除毁。"表明了他已经决定，适时地将国家的中心任务由军事领域转移到文化建设上。

勤政恤民，厉行节俭

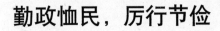

为了把大隋王朝引入盛世，文帝相当努力。每天早朝，文帝总是召见五品以上的官员，认真听取他们的汇报，一起商讨国家大事。有时候，为了解决一个问题，经常从一大早讨论到中午，甚至有时候错过午饭时间，只好临时让值班的兵士 随便弄点将就一顿。

晚上回到宫中，还依旧在寝宫里焚膏继晷地批阅文件，直到午夜才上床休息。有时候，躺在床上，还和皇后一起切磋悬而未决的问题。

以至于文帝在临终前，回顾自己一生时自豪地说："所以昧旦临朝，不敢逸豫，一日万机，留心亲览，晦明寒暑，不惮劬劳，匪曰朕躬，盖为百姓故也。王公卿士，每日阙庭，刺史以下，三时朝集，何尝不罄竭心府，诚敕殷勤。"

文帝的勤于政事，百官都看在眼里，连皇帝都这么拼命，谁还敢偷懒呢！

文帝的做法也得到唐朝人的认可。唐朝贞观四年（630年），唐太宗曾问大臣萧瑀文帝这个人怎么样，萧瑀评价道："克己复礼，勤劳思政，每一坐朝，或至日昃，五品 以上，引之论事。宿卫之士，传飧而食，虽非性体仁明，亦是励精之主。"

文帝不光操劳国事，而且将百姓的疾苦时时刻刻地挂在心上。

据《隋书·高祖本纪》和《资治通鉴》记载，开皇十四年（594年）夏，京师长安发生地震，关内各州大旱，百姓闹饥荒。文帝派遣大臣察看老百姓的疾苦，大臣拿回百姓充饥的豆屑和杂糠给文帝看，文帝把这些食物摆在朝堂上让文武百官逐一过目，自己流泪自责，说对不起百姓，宣布一年内不喝酒不吃肉，和老百姓同甘苦、共患难。

为了减轻关中人民的负担，文帝亲自率领众官员去较为富庶的洛阳，许多百姓夹杂于皇家卫队中间，卫士们非常紧张，唯恐冲撞了皇帝。没想到文帝下令不得驱赶、威吓百姓。路难走的地方，文帝还命令左右暗中帮助挑担的灾民通过。遇见扶老携幼行路艰难者，自己先引马避开，闪在路旁，让百姓们先过去，自己再走。还时不时地停下来安慰受苦的百姓，告诉他们再挺一挺，苦日子总会过去的。在灾难面前，文帝亲力亲为，鼓舞着受苦受难的百姓。

文帝是我国历史上以节俭著称的皇帝之一。开皇初年，文帝在花钱方面没有敞开着造，在生活上也没有贪图享受，而是处处节约，甚至节俭到有些寒酸的地步。

《隋书》里记录了文帝诸多节俭的实例。

隋朝大运河

文帝的日常饮食，除了宴飨（款待宾客）的特殊场合外，平素所食只有一道荤菜。

皇室的六宫之中，妃嫔、皇子所穿的衣物，都是洗了又洗，谁都没有艳丽奢华的服装。

宫中车辇破损了，文帝总是令人修修继续使用。

宫廷伙食管理员往宫里送干姜，正巧被文帝遇见，认为用布袋子盛姜实在浪费，文帝严厉遣责道："朕都穿粗布衣服，盛姜怎么能用布呢？"不料，该部门的人糊涂，下次在焚香敬礼之时，竟然用毡袋装裹，惹得文帝再次龙颜震怒，把这位没头脑的官员抓来痛打一顿。

有一次，文帝闹肚子，想自己配制止泻药，需用胡粉一两，而宫中平常不用胡粉，四处寻找，最终还是没有找到。胡粉是女子最普通的化妆品，一个偌大的皇宫，这么寻常的东西都没有。

文帝曾想赏赐柱国刘嵩的夫人一件织成的衣服，在宫中怎么找也没找到一件拿得出手的衣物。

文帝以身垂范，天下人都以节俭为荣。隋朝男子都穿绢布衣，不穿绫绮；衣带饰品用的不过是铜、铁、骨、角所制，没有金玉之类的豪华饰品。

文帝认为，"成由勤俭败由奢"，无疑是出于对前代兴衰历史经验的总结。他是下了狠心将节俭作为一项国策来推行的，希望自己给全民树立一个现成的榜样，激励国民都走上勤俭治国的康庄大道。这样，勤俭朴实就不止是一句空喊，而且还通过国家的具体举措来贯彻。文帝对民间的一些奢华现象也加以禁止。

每年元宵节，上至京城下到乡野，人们欢聚一堂，放鞭炮，挂灯笼，碎红满地，灿若云锦，灯火辉煌。大街上车水马龙，商铺里人满为患。在元宵灯会上，少男少女戴上面具，手拉着手翩跹起舞，有时候还互相求爱。各式各样的戏班子在大街上竞相表演，吹拉弹唱，锣鼓喧天，飞龙舞动。

看着漫天绽放的烟花，文帝的内心又犯嘀咕了："热闹的背后，分明糟蹋的是钱啊！"

面对每年一次的节日狂欢，侍郎柳彧看不下去了，认为这与文帝提倡的节俭背道而驰，就给文帝写了份奏折。奏折中，柳彧大谈这样铺张浪费的狂欢节不但有伤风化，还会给国家带来不稳定因素，应予节制。柳彧的建议，说到文帝的心坎里去了，立即批准执行。

整顿官场，禁止贿赂

文帝认为吏治的好坏，是影响国泰民安的关键，甚至关乎到一个国家的发展。他以禁止行贿受贿、整顿官场文风、严惩贪官、表彰奖励清官、守法执法等几个方面来推行吏治改革。当时，官场陋习比较严重，至于贪财纳贿，则更是习以为常。文帝一诏，禁止臣子向皇帝进贡、禁止下级向上级送礼。

有些官员以为皇帝是玩假的，就顶风而上，给皇帝送来很多色彩斑斓的绸缎，企图获得提拔。结果送礼的大臣大倒其霉，被重打了五十大板。文帝将收到的绸缎，既不分发给后宫，也不退还给送礼的官员，而是一把火将它们烧为灰烬，还气愤地说："你们不知道朕一向节俭吗？一定要给朕安上个贪财好利的恶名你们才高兴吗？"

相州刺史豆卢通，出身鲜卑世族，是文帝的妹夫，典型的皇亲国戚。他一上任就忙着给文帝上贡上等的布匹。文帝收到礼品后，像是被扇了个响亮的耳光，这不让别人看笑话吗？朝廷刚发布禁令，自家亲戚就顶风作案。如果不给他点颜色看看，今后谁还把朝廷的话当真？于是，文帝叫人把贡品抬到朝堂，当着文武百官的面，当场毁掉。又把妹夫大骂了一顿。

文帝对官场的歪风邪气一直持反对态度，很是不讲情面，这对净化官场的风气还是或多或少地起到了一些效果的。

文帝清楚，官吏说假话的"本领"非常过硬，他不需要千篇一律的谎言，他要的是真相。他频频暗中派遣大臣到各地观察风俗，自己也经常微服私访。每当外出时，路上遇到有人上表，便驻马亲自询问。所过之处，亲自受理百姓的诉状，直接走到民间，近距离地聆听最下层老百姓的声音。

不管是文帝派出去的大臣，还是自己到民间暗访，他都要求详细调查风俗和仔细倾听民间疾苦，这些做法加强了政治的清明，以至于一些地方官不敢再胡说了。

开皇四年（584年），文帝下诏，公私文翰，一律有一说一。文翰格式要皇帝亲自下诏来规定，显见，文帝要的不是吹捧，是事实。有人认为文帝是小题大做，我们如果回顾一下当时官场的风气，就可明白文帝下此诏令的良苦用心了。

隋朝负责监察百官的治书侍御史李谔曾对魏晋以来的官场文风有一段精辟的描述："连篇累牍，不出月露之形；积案盈箱，唯是风云之状。世俗以此相高，朝廷据兹擢士。禄利之路既开，爱尚之情愈笃。"历朝历代，这些会写文章的"专家"，根据"学而优则仕"的原则，认为用华美的文章奉承上司是赢得高官厚禄的资本。

文帝的用心，并不为官场老手所看重，他们都认为文帝和历代皇帝一样，凡事空喊几声口号就罢了，所以，并不真正的去遵守。

当年九月，泗州（今江苏省宿迁市东南）刺史司马幼之按照惯例，精心写了篇奏文，组词造句颇为讲究，可谓是点铁成金，自己越看越得意，派人进京送呈文帝。

文帝接过奏文，还没读完，就气得七窍生烟："什么玩意儿？满纸的之乎者也，从头到尾废话连篇，极尽歌功颂德之能事，难道你没看到朕已经都通令全国了吗？难道你没看见朕一遍一遍强调公私文件一律实话实说，不要搞浮华的文风吗？"文帝拍案而起：来人，把司马幼之给我拿下！

尽管文帝再三禁止不切实际的浮华文风，结果仍然是治标不治本，只要稍不留神，又是习惯成自然。

犯法严惩，表彰良吏

文帝以身垂范，不偏袒自己的亲朋或者旧部，使得有关机构对百官的监察不必过多顾忌人情关系，只要发现违法者就可以放开手脚去严惩。

张威是隋朝开国功臣，勇武过人，曾在蜀地打败王谦的叛军，文帝非常器重他，委以青州总管的重任。张威居功自傲，日子过得很奢侈。他在青州大置产业，大敛不义之财，囤积的金银珠宝装了几个仓库，花钱也是由着性子敞开来花，一看就是富得流油的主儿。

文帝听到消息，并不偏袒张威，而是依据法令，将张威革除为民，财产充公。后来，文帝祠泰山途经洛阳时，召见张威，仍对此事记忆犹新，遗憾地说道："自朕打下天下，都对你委以重任，朕对你可谓用心良苦。可是你为什么做些祸国殃民的不法勾当呢？你不仅伤了朕的心，也将你的一世英名毁掉了。"

文帝一次次动真格的，目的就是想要各级官员廉洁自律。有些胆小的就不敢过分作恶了，一些巨贪也不敢明目张胆地唯利是图了，这在一定程度上廓清了官场上的诸多弊端。

文帝对官员严密监督，凡有受贿者，必遭严惩。同时，文帝建立了一套对官吏的考核制度，对廉洁的官员，朝廷给予各类赏赐，还加官封爵，诏告天下，立为榜样。

贝州刺史库狄士文，为官清廉，安贫乐道，不占公家的一分钱。由于从来不搜刮民脂民膏，他的家庭状况和普通百姓差不多，他的儿子吃不饱，就吃了官厨之饼，库狄士文发现后，把儿子铐上枷锁，杖打一百，真正做到了严于律己。为了秉公执法，他闭门谢客，拒绝与亲戚朋友来往，防止他们利用自己职位之便办些出格的事情。在贝州，他敢于揭发贪官污吏，即使贪污一尺布、一升米都不行，一旦发现，便严加追究。文帝听说，对库狄士文大加表彰，为百官树了个典型。

开皇二十年（600年），齐州有个小官，名叫王伽，押送李参等七十余名犯人去京城。走到荥阳，王伽对李参等人说："你们犯了国法，受罚是应该的，看看护送你们的民夫，一路上多么辛苦，你们能忍心吗？"

李参等人谢罪，王伽遣散了民夫，释放了李参等犯人各走各的，但是约定日期到京城主动会集，临行说道："如果你们失约，我只有代你们去受死了。"

到了限期，七十余犯人竟一人不少，都主动到了京城聚齐。文帝听了，觉得王伽这个人在民间有着极好的口碑，如果此人不是良吏，犯人怎会如此这般听他的话呢，就下了一道诏书，表扬王伽。同时，召李参等携带妻子入宫赐宴，表扬他们守信用，并宣布赦免了他们。

治国不仅需要廉洁、爱民的官员，还需要敢于维护正义的官员，故文帝对执法严正的官吏也十分看重。

有一次，刑部侍郎辛亶穿了一条红色裤子，说白了，此人很迷信，以为穿红裤子就能官运亨通。文帝认为他是以妖法惑众，十分生气，下令将他处死。

司法大臣赵绰看不过眼："依据法律，辛亶不足以定死罪，臣不敢奉旨。"

文帝大怒说："朕看你是只顾怜惜他而不顾及自己的死活了！"于是下令将赵绰和辛亶一并拉出去斩了。临刑前，文帝问赵绰还有何话要说。

赵绰答道："臣一心执法，不敢惜死，只是陛下宁可杀臣，决不可枉杀辛亶。"

赵绰被剥去衣服，准备推出问斩，文帝又派人来问赵绰想好了没有。

赵绰坚定地回答："执法一心，不敢惜死。"

文帝非常气恼，转而一想，终于明白赵绰宁可牺牲生命也要维护法律的尊严，其精神可嘉，立刻下令释放赵绰，免辛亶一死。次日在朝堂上向赵绰表示了歉意，又给他发了一通赏赐。

总之，文帝的勤政恤民，兢兢业业，厉行节俭，惩贪奖廉，把大隋王朝引入了安定团结之路，朝野纷纷颂扬当朝皇帝是一个像尧舜那样的圣君。其实，这不是完全给文帝唱赞美诗，千百年来，文帝一直都颇受肯定。

第八章　政治修明，国泰民安

发展农业，调整租调

　　隋文帝在经济上进行了一系列的改革，如推行均田制，让农民获得更多的土地；"大索貌阅"，将大量的隐匿人口"曝光"。随着人口的不断增长，交税的人越来越多，国库的库藏量也越来越充实。政治经济改革的成功，使得国富民强，六世纪末年，一个崭新的超级大国，屹立于世界东方。

　　因为农业是国计民生的保障，自古就有"仓廪实而知礼节，衣食足而知荣辱"的说法，古人也说过"《洪范》八政，以食为首"。即是说，农业发展了，老百姓就会富足，国家就会稳定。

　　公元485年，北魏朝廷实施了一项政策，那就是"均田令"，具体制度是这样规定的：每一男丁十五岁以上分给露田（不栽树的田）四十亩，妇人二十亩，奴婢亦二十亩。有耕牛者，每头多分三十亩，以四头牛为限。这些地只供耕种米麦之用，受田者死后将田地归还政府，即没有继承权或者转让权。

　　除了露田，政府再给人们分点儿种植桑麻和蔬菜的地，这些土地可以继承，也可以买卖。

　　北魏的"均田令"，在当时来说是非常了不起的，在此之前，土地都是富人所有，老百姓谈何使用权？

　　文帝深刻地认识到，要想国泰民安，必须要满足百姓最基本的生存条件。怎么满足？很简单，农业社会当然就得让他们种地。

于是，文帝继续采取"均田令"，和北魏不一样的是，百姓分得的土地更多些，就是说，隋朝的百姓比前朝的日子更好过些。

均田令的实施，不是把社会上所有土地拿来平均分配，而是指政府将所能支配的土地和一些无主的荒地拿出来分配。

这种分配首先对官僚有利，官僚按照官阶的大小，可得到"永业田"。"永业田"可以传给子孙，多则一百多顷，少则四十亩。当官的除了分得"永业田"外，在任期间还有"职分田"，作为工资的一部分，如一品官五顷，二品官四顷半……依此类推。也就是说，官当得越大，所接受的田地越多，而且子孙都能继承。

农民也有土地。按照规定，农民一夫一妇可受"露田"一百二十亩，其中男人分得八十亩，妇人分得四十亩；奴婢依良人办法受田；牛一头受六十亩，以四头为限，受田数比北魏增加一倍。和北魏一样，这些土地，死后还得要归还政府，子孙是没资格继承的。

此外，每人又分给"永业田"二十亩、五十棵桑树、三棵榆树、五棵枣树，这类土地是永久性的，死后子孙接着享用。

需要说明的是，法令所规定的农民受田数，没法在全国各地全面铺开。尤其是"狭乡"，即人口稠密的地区，每个成年男子也就二十来亩田地，出现了受田不足的情况。虽然政府又分给每人几棵桑树、榆树什么的，也不能当饭吃，百姓怎会丰衣足食呢？

面对受田不足的情况，文帝曾多次派使者到各地推行均田。某些官员也曾发出过呼吁，当时大臣苏威建议："勋贵们那么多土地，应该收回一些，分给百姓，百姓受田不足的情况就会改观。"

这触犯了贵族功臣的利益，人家当然不干，还振振有词地说："拼死拼活为朝廷打下一片天地，最后把我们的土地剥夺了，以后谁还为朝

第八章 政治修明，国泰民安

廷卖命啊？"于是，不再提收回权贵土地的事了。

不可否认的是，均田令是对农业制度的一大改革，带有"耕者有其田"色彩。政府也确实费过很多心思，许多官员也为了推行均田令而得罪了豪强。所以说，均田令的推行，在一定程度上限制了大官僚、大地主对于土地的豪夺，无地的农民得到一些土地；开垦许多荒地，使全国耕地面积的总数比原来多了。

《隋书》曾谈到全国不同地区的百姓"勤于稼穑"、"好尚稼穑"、"重在农桑"等风尚，从一定程度上反映了百姓对农业生产的热情。

总之，均田令在隋初的推行，对发展农业经济起到了一定的积极作用。

隋朝在实行均田制的基础上向农民征收租、调，同时让成年农民为朝廷服力役，这是隋代农民的三项主要负担。负担归负担，但比北周轻多了。

所谓的"租"，就是向国家缴纳田地出产的粮食。政府规定的租为三石，似乎比北齐（二石五）重，比北周（五石）轻，其实则不然，因为文帝统一了度量衡，隋朝的斗较之旧斗要大，最后算起来，隋朝的租，比北齐、北周的都要重。但是，隋朝的均田农民要比北魏、北齐、北周均田农民晚交租调三年，晚服役三年，按照年头计算，隋朝的农民所获得的实惠还是比前几朝多一些，百姓对此很满足。

所谓的"调"，就是向国家交纳的纺织物，或绢或布或麻。据史料记载，隋朝的夫妇每年交纳帛一匹，粟二石。男孩子到了十五岁还没娶媳妇，四人出一夫一妇的调额。耕田的男奴和女婢，八人出一夫一妇的调额。耕牛二十头出一夫一妇的调额。在出产麻布的地区，一夫一妇每年还要交一匹麻布，其他如没娶媳妇的十五岁男子、奴婢、耕牛，其所交数额如前类推。隋朝的调比北齐、北周要轻得多。

所谓的服力役，就是徭役，指为国家出力做事。早在北周的时候，百姓十八岁至六十岁，必须为国家服役，隋朝改为二十一岁至六十岁，把开始服役的时间推迟了三年。

北周规定，十八岁至六十岁的百姓每年服役一个月，隋朝改为二十天。

有学者做过统计，隋朝的一丁，一辈子要服役的跨度三十九年，北齐、北周为四十二年，南朝刘宋五十一年。显然，隋朝的服役期比前朝短了至少三年。

还应该特别指出的是，开皇十年（590年），文帝下诏，超过五十岁的百姓，不用亲自服役了，可以用一定数量的纺织物代替。那时候，由于医疗水平和生活质量较低，五十岁就相当于现在的古稀之年了，从事轻度力役还能勉强完成，重一些的就力不从心了。用实物代替劳役，可使五十岁以上的农民继续参加农业劳动，以不误农时；而且，对国家也是有利的，上交的替代物可以增加国家的收入。

经过文帝的改革，隋朝农民的租、调、力役的付出量，较之前朝，在总体上还是轻了。对于国家来说，赋税的总收入看起来比前朝少了很多。但是，开皇之初，隋文帝非常注重节俭，很少大兴土木，故国家的开支数额不大，财政还是盈余。不管怎样，文帝给百姓减轻压力是不容否认的事实，无疑有利于社会经济的发展。而且，隋文帝所采用的均田制和赋税制度被唐朝沿用，影响深远。

但是这些政策也有弊端，老百姓出点"力役"倒也无妨，反正浑身有得是力气。可"租"就不一样了，只要有田地，就得交官租，要命的是，不管天灾还是荒年，不管有没有收成，只要朝廷不发特旨，百姓再穷也得交到规定的数额，不交或者拖延，朝廷就会说你是暴民，把你抓起来。更为重要的是，随着人口的增长，政府能分给百姓的土地越来越少。百姓土地减少而调和役却没有减少，百姓的负担因此越来越重。

一年拖过一年，农民受田不足的情况并没有解决，老百姓的负担还是很重。上有政策，下有对策。没钱的小老百姓怎么办呢？

老百姓也有老百姓的小聪明，在走投无路的情况下，很多小老百姓做出了一个最现实的选择：既然自己不能承受沉重的苛捐杂税，便转而卖身投靠有钱有势的豪族，宁可向豪族卖命，也不愿意被政府搞得吃了上顿没下顿。

就这样，许多人依附到豪强大族门下，不报户口，也不向国家交税，也不服役，等于把自己隐藏起来。

大量瞒报户口，国家的收入便大大减少了。要知道，百姓越多，交的税便越多，国库便越充实。

高颎经过调查，向文帝汇报实情："据臣了解，现在国库不够丰盈的原因，除了天灾以外，就是偷税漏税。有的村子，一半以上的人户没参加均田，仍租种豪族的土地，这样做的结果就是要把一半的租钱交给地主。"

文帝才知道事情竟然如此严重。

这种现象不是存在一天两天了，从南北朝起，就有很多农民不堪重负，多依豪室变为依附佃户，自然户口是不上报的，成了所谓的"浮户"，故政府档案里记载的户口与实际户数极不相符。百姓还有很多招数：超过成丁年龄的，说自己不足十八岁（或二十一岁）；或者相貌相近的兄弟、叔伯兄弟，只有一人登记户口；年纪不足六十的，则虚报年龄，说自己已经六十多了，用种种办法来逃避租税……总之，老百姓不是把自己的岁数往大了说，就是往小了说，或者啥也不说（不报户口）。

山东地区素来殷实富裕。而高欢时代，无论是官宦还是百姓都想着法子逃税漏税。那时候国家忙着打仗，政府无暇顾及于此。

到了北周宣帝的时候，豪强地主大肆兼并，藏匿人口现象更为严重。

隋朝建立后，依然传承北齐的习惯，一些审定户口和征税的官员勾结当地豪族，又是改岁数，又是谎报租税实情……如此偷奸取巧的事层出不穷。最后一估摸，有十分之六七的人口瞒报，这绝对不是一个小数目！

可想而知，百姓脱籍，不但减少了政府收入，更严重的是，他们荫庇于大户人家的门下，加强了豪强地主对乡村的控制。这样，政府就很难插手乡村的管理。

针对这种情况，文帝在开皇五年（585年），令州县官吏按照户口文书上的年龄和本人的体貌核对。一来让隐瞒户口的人浮出，二来纠正谎报年龄者。基层官吏和保长等一旦姑息，政府要对其判刑，重者死罪，轻者流放边疆。这在当时算是比较严重的处罚了。

为了防止户口不实，朝廷还鼓励百姓互相检举。这次检查户口的行动，史书上称为"大索貌阅"，就是将每个人的相貌登记在官府所统一制作的户口本上。

这次大规模的"人口普查"，使那些"浮户"无可遁形。结果，朝廷户口档案上的壮丁，当年就增加了四十四万多，新编入户人数增加了一百六十四万多。到了大业三年（607年），隋朝登记有890，7546户，4601，9956人。

"大索貌阅"终于为大隋王朝把若干隐匿的人"曝光"了。

从实质意义上讲，"大索貌阅"在隋代最具经济学意义，其意义有三点：

第一，因为"大索貌阅"是和国家的收入结合在一起的，大量人口公布于众，一些想方设法偷税漏税的人只好乖乖地向朝廷纳税。

第二，"大索貌阅"查出了那么多壮丁，这些人自然要去服役，国势增强了。

第三，"大索貌阅"还削弱了豪强世族的势力，强化了国家权力。尤其是原北齐管辖的地方，自己以为政治、经济、文化都很强，从没把地处西北的朝廷放在眼里。朝廷采取这一措施，山东地区的豪强傻眼了，势力相应地被削弱。

削富扶穷，置仓储粮

有一次，文帝途经汴州（今河南省开封市），他对此地的富庶高兴不起来，认为人多奸猾，于是就让当时的名臣令狐熙前来担任刺史。

令狐熙一上任，先将富人作为打压的对象，还命令民居的大门不能直接朝向街道。他说："街上人来人往的，非常容易进入民居，人与人的关系不就拉近了吗？再说，街上人来人往，很易于做买卖，都去做生意、追求财富了，谁还务农呢？"那个时代的正统意识，认为务农是"本"，经商是"末"，要固本抑末。

令狐熙下令把民居的大门口位置改了方向，让小商小贩很难找到百姓的家门口，这样可以减少人与人之间的交易频率。他还把散居在此地的外地人一律遣回老家务农。汴州城里的人少了，再想经商求富是难上加难。

令狐熙的一系列"举措"，深得文帝赏识，并向山东富庶之地推广他的治民经验。令狐熙因为治民有方，在年终考核的时候，政绩评为全国第一。

富人变穷了，就意味着豪强势力被打压了，这正是文帝所要的结果。

按照常规，作为一个政府，都希望自己的国民富裕起来，可是，为什么文帝对富裕起来的百姓使劲压制呢？

文帝心目中的理想社会，就是要回归到"只闻鸡犬吠"的传统的小农社会。日出而作，日落而息，谁也不富，谁也不穷，大家在一起"吃大锅饭"，实行平均主义。

这种社会模式，来自于他熟悉的关中老家，那里的百姓世代勤劳耕作，不愁吃喝，人人安于现状，所以闹事的不多。大后方稳固了，统治者才会有更多的精力去开疆扩土。

文帝决定将山东、河南等地重新纳入传统的农业社会模式中，驱使他们安心务农，大搞平均主义，自然，豪强势力就会被大大地削弱。

中国古代社会交税，基本是上交实物，主要以粮食为主，其次才是丝绢与真金白银等。对财产的衡量，主要是以稻米、粟米的多少作为标准。

按照实物的标准，大隋王朝绝对是数一数二的超级大国。

当时隋朝政府在各地修建了许多粮仓，如开皇三年（583年）在卫州（今河南省汲县）设置黎阳仓，陕州（今三门峡）设置常平仓，华州（今陕西省华县）设置广通仓，仓储粮食皆在百万石以上。《贞观政要》里一句话概括得非常贴切："计天下储积，得供五六十年。"《资治通鉴》也说隋朝粮食太多无处可放，竟"积于廊庑"。

甚至隋朝已灭亡了二十年，文帝已经死了三十三年，可文帝时储存的粮食、布帛还未用完。这件事可以从贞观十一年（637年）监察御史马周对唐太宗李世民说过的话得知："西京府库，亦为国家之用，至今未尽。"就是说，到了唐代，人们还继续吃着隋朝留下来的粮食，可见当时的府库量是多么惊人。

粮食多了，就大设粮仓。文帝时所设的粮仓，可分两种，即官仓和义仓。

官仓大都设在黄河沿岸，有关部门先把关东各州的粮食集中到这些仓里，然后利用黄河及广通渠等水运通路把粮食运到京师。

义仓又称社仓，设置于乡间，由"社司"专门负责账目和储存等事宜。如遇天灾和收成不好发生饥馑之时，便用社仓中的储粮赈济饥民。平时"令诸州百姓及军人，劝课当社，共立义仓"。义仓之设，对人民的生活来说，无疑是一项有力的保障。

没想到，后来义仓的性质变了味儿，原来民间自发的、以救灾为目的的义仓，被文帝收归政府管理。开皇十六年（596年）竟规定，"上户不过一石，中户不过七斗，下户不过四斗"，最后成了百姓一项必交的税务项目。不想交的自然逃不过朝廷的处罚，这无疑增加了百姓的负担。

1969年在洛阳发现了一座隋朝粮仓——含嘉仓遗址。面积达四十多万平方米，内里探出二百多个粮窖。其中有一个粮窖还留有已经碳化的谷子五十万斤。没想到，在一千四百多年以后，隋朝的粮食以"碳化"的形式出现在世人面前。于此可见当年国家之富足。

彼时的隋王朝，创造了一个生机勃勃、国富民强的新时代——开皇盛世。用史书的原话描绘是这样的："平徭赋，仓廪实，法令行，君子咸乐其生，小人各安其业，强无凌弱，众不暴寡，人物殷阜，朝野欢娱。二十年间，天下无事。"

隋朝的富裕程度，正应了那句话："纵观世界风云，风景这边独好。"

尽管隋朝是如此的富裕，在荒年时节，文帝也舍不得开仓赈灾，宁可让百姓扶老携幼去洛阳就食，自己还颇含体恤地和百姓站在一起，流泪怜惜。

后日，继任者隋炀帝杨广一看父亲给自己留下这么大一份家业，实在觉得没有奋斗的必要了，就开始大兴土木，贪图享乐，没几年的光景就把父亲留下的家底倒腾光了，且落得个身死国亡的下场。

政治经济改革的成功，使得国富民强，大隋王朝已经展现出盛世的雄伟气象了。

开皇九年（589年），这是一个激动人心的历史时刻，中国统一了。这一年隋文帝四十九岁。

大隋开国还不到十年，击败突厥、吐谷浑等强敌，又使靺鞨、契丹臣服，至今又完成了天下的统一，国防上坚如磐石。同时，在文帝的英明领导下，国内政治、经济、文化等方面都井然有序地向前发展，硬是把前朝留下来的一个"烂摊子"带上了富国强兵的康庄大道。

偃武裁军，重视文教

此时的大隋，四方宾服，国泰民安。

按照惯例，一个国家打完仗，就会刀枪入库，大搞文化、经济建设了，隋朝也不例外。早在开皇三年（583年）正月，文帝就下诏："国民禁止使用大刀长矛。"意思是国家现在基本稳定了，都把武器收起来吧，其基本出发点是防止百姓"犯上作乱"。

平陈以后，天下统一，国家不再打仗了，裁军条件已经具备，文帝迅速调整国家大政方针，于开皇十年（590年），发表了和平诏告，诏告的大意是这样的：

"四方安定，再也没有战事。凡是大隋子民，都要追求精神享受，接受教育，每个家庭要自修，每个人要立志。现在规定：除了皇家禁卫军和镇守四方的边防军，其余部队一律解散，天下武器都要收回。社会秩序既然安定，军官的子弟，都要读书学习儒家经典。民间所藏的铠甲刀枪，都给我毁了吧。"

这一庄严的诏书，表明文帝在历史转折关头有着准确的洞察力和卓越的政治家风范。同时，这也是为了防止北齐和陈朝残余势力的反抗和削弱功臣武将力量的一项政治举措。文帝的这一诏书可以概括为四个字——偃武修文。

这道命令颁发之前，隋朝的军队体制沿袭北周，实行的是府兵制。

北魏在六镇起义后，分为东魏和西魏。西魏权臣宇文泰在大统八年（542年）将流入关中地区的六镇军人和鲜卑各部，编成六军。大统十六年（550年），宇文泰建立起八大柱国、十二大将军、二十四开府的府兵组织结构。八大柱国中，宇文泰为全军统帅，其他六大柱国分别统帅府兵，此六职仿照于周官六军之制。到了西魏恭帝元年（554年），又依据北魏早期各个部落姓氏，赐姓主将，其下领导的士卒，都随主将之姓。可见，府兵制脱胎于鲜卑部落兵制，实际上把军权收归中央。同时，为了增加军队实力，广招汉人参军，免其课税为府兵，全家都可加入军籍，就这样，军籍的规模越发庞大。

从西魏、北周府兵的情况可知，军民分籍，兵农各不相关。按照国家规定，府兵是保卫国家的主要力量，可免赋役。由于北周以来免课税，许多百姓都愿意挂个军籍的名来获取实惠，再加上家属，其数量是庞大的。军人以及挂名军人的户口和田地，地方官府根本无法掌握。这些府兵不向国家纳税，又占用土地，给国家造成很大的经济损失。

基于此，文帝开始对府兵制进行了大刀阔斧的改革。首先，根据诏令，军有人口户籍一律移交给地方政府管理，军人的户籍、计账，一律与普通百姓一样属于州县。这便使得大量挂名军人曝光于众，成为当地的实际居民。在均田制之下，军人可获得一样份额土地，进行劳作，并正常缴纳赋税。经过改革，府兵制下的士卒，分了田地，有了户籍，生活获得了保障，也在一定程度上减轻了负担，这对于国家的管理和社会的安定都有着很大的好处。从此以后，军户这样一个特殊的阶层在社会上不复存在了。

第二，军人依旧按照军府制统一管理，依旧履行军人应有的职责，比如进行军事训练，国家遇上突发情况要冲往第一线等等。所以，文帝在改革的时候，非常注意不能削弱军队的战斗力。军府统领沿袭旧制，即不改变统领方式。政府在中央设置了十二卫，地方上也设卫，但皆归中央管辖。这样的改革加强了中央对武装力量的控制。可以看出，文帝对府兵制度的改革，立足在中央对军事力量的控制上。

第三，文帝偃武内容还包括罢去山东、河南及北方边缘地区新设置的军府。军府皆出于战争需要而设，往往被叛乱者利用，如文帝刚刚辅政的时候，发生过尉迟迥的叛乱。现在罢除山东、河北及北边新置军府，从而使军事力集中于京师。这样做，可防止出现割据的局面，国家趁机消化掉很多私人武装；一定程度上打击了土豪劣绅的势力，对巩固政权是有益的。

总之，文帝裁军并不是简单地减少军人数量，而是更加注重军队的质量，故偃武伴随着精兵政策双管齐下，起到了加强中央集权、促进经济的发展以及维护国家统一的巨大作用，也为国家文化教育的发展提供了一个良好的社会环境。

隋朝总算把新时期的军事制度治理得井井有条了，但是，困扰文帝的还有国民整体文化水平太低了，尤其是多数武官不通文墨，缺乏政治意识。

文帝为此专门下了一道诏书："建国之道，莫先于学。尊主庇民，莫先于礼。"意思是说，国家要想发展，国民必须学习，学习最好的教材就是儒家经典。

几百年的乱世遏制了文教事业的发展，整个社会乱象丛生，用一句话概括就是这样的："务权诈而薄儒雅，重干戈而轻俎豆"。意思是上至权臣、下至百姓根本不知道"儒雅"二字为何物，每天净干些缺少礼仪的事儿。

开皇九年（589年），文帝在和平诏书中说："武力之子，俱可学文。"这个修文的提法绝对不是说说就算了，而是付诸实际行动。

为此，开皇十年（590年），文帝亲临国子监主持隆重的倡学典礼。仪式完毕后，文帝请全国知名学者进行有关儒家教义的讲座。

国子监相当于现在的最高学府，是知识分子聚集的地方。他们胸怀齐家、治国、平天下的大理想。国家要想进一步发展，是离不开博古通今的大学者的。

国子监祭酒（国立大学校长）元善得到了一份人人都羡慕的工作——宫中讲官。

元善体察上意，首先开讲《孝经》，对其大肆渲染，谈古论今，深入人心。文帝听得龙颜大悦，当场颁发奖品以资鼓励。

之后，太学博士马光升被邀讲《礼记》，同样是剖析到位，听众掌声不断，喝彩连连。

这些讲座紧紧结合隋朝的大政方针，讲座结束后，文帝亲自接见讲师团的成员。

这是隋朝唯一一次由皇帝亲临的讲座，意义不同凡响，标志着治国的方向改变。

不光主持国家级的讲座，文帝还走到群众中去，尤其是走到军队中去，亲自敦促武将多学文化，如骠骑将军崔彭是文帝的亲信，当年负责宫中宿卫（保安）之事，文帝曾对他说："你射箭技术无人能比，懂学问吗？"

崔彭恭敬地回答："臣小时候就喜欢读《周礼》、《尚书》，在休息的时候，臣也不敢废弛。"文帝饶有兴致地说："那就给朕讲解一段。"

崔彭在文帝面前讲了一番君臣戒慎的内容，文帝听后大为赞赏，不久给崔彭升职加薪，加以重用。在大隋与突厥的战争中，此人凭着睿智的头脑和高超的箭术，为安定边疆出过不少力。

之前的北周，朝中大臣几乎都以武力出道，瞧不起文人。而且，天下正乱，国家的内外形势也不允许通过考试渠道选拔人才。再说，国家混乱不堪，读书人还有什么闲心在一起砥砺学问！所以，在战时，国家挑选人才不需要有更多的知识，只要有勇有谋，能帮助朝廷打仗就行。

隋朝开国之初，这种情况依然存在，官场主流仍被没文化的武将占据，满腹经纶者寥寥无几。

隋初，文帝提出了"治国立身，非礼不可"的口号，提倡以礼治国，但成效不大。他不得不承认一个国家文化素养的提高，绝对不是一朝一夕的事儿，一定要"积水成渊"，才能"风雨兴焉"。

早在开皇二年（582年），大隋正和突厥进行着你死我活的战争时，作为国家的最高领导者，文帝一有空闲，就专门考察那些精通儒经的国子学生，并亲切鼓励，给予赏赐。

皇帝的这一举动，鼓舞了主张文治的官员，潞州（今山西省长治市北古驿）刺史柳昂趁此契机，给文帝写了封信：

"皇上，几百年的战乱造成了不良的社会风气，大隋建朝之初，应该在文教方面狠抓落实，臣下请求皇上在全国劝学行礼。"

柳昂出身河东望族，有很好的家学渊源，他的建议得到文帝的认同并予以采纳。开皇三年（583年），朝廷为此下了一道诏令，核心就是要求百姓在非役之日和农忙之余学习经学和礼仪，目标是让天下人都"知礼节，识廉耻，父慈子孝，兄弟恭顺"。

据说，诏书发布后，天下州县皆设置博士，以加强文教事业。隋朝的"博士"是个从七品的官，主管教学，相当于今天的教研室主任和教授的职务，不同于我们现在大学里的博士学位。若想了解古代的博士，读者朋友不妨去北京的国子监看看，那里有一个"博士厅"，即博士的办公室，可以现场感受一下。

当时北方边塞战火不断，国家正需要成千上万的民众上阵抗敌，所以，国家只能办一些类似"扫盲班"、"夜校"之类的学习班，主要目的是让民众遵礼守法。文帝提倡大家都来诵习儒家经典，是想让人们把中国传统文化的精髓渗透于下层社会中，以做到尊卑有等，长幼有序，当然是为他的皇权统治服务的。

在提倡礼仪教化的同时，一场大规模的搜罗人才运动在全国展开了。大隋王朝出现了一批伯乐，专门发现人才。

北周源起于北部的荒原大漠，自西魏以来，社会毫无文化而言，人们行事野蛮，满嘴鲜卑语，根本不懂礼仪二字为何物。

隋朝把选拔人才的目光投向山东，山东多才子，又是儒家文化的发源地，文化水平自然比其他地方要高得多。

开皇五年（595年），文帝诏征山东儒者马光、张仲让、孔笼、窦士荣、张黑奴和刘祖仁等六人一起到京师，任命为太学博士。

这次征召人才的范围远不止山东，也不限于上述六儒。

如原北齐南阳王博士房晖远、梁宗室萧该等一些大学问家聚集京师，挑起了复兴文化的大梁。

发展文教事业需要一个艰难的过程，隋朝最大的困难恐怕就是师资短缺，以及尚武精神的急功近利风气，这些都严重阻碍文化的发展。

当然，文帝不是学者，他提倡文教，主要是为巩固皇权服务的。他所用的人也未必精通学术。如被文帝抬上国子祭酒高位的元善，明显就是朝廷的传声筒和喉舌而已。

元善最擅长迎合上司，作为大学校长的他学问并不高，他的受宠，只不过是恰到好处地揣摩上意的结果罢了。国子博士何妥对元善所受的推崇并不服气，一天，他听说元善汇集诸儒讲解《春秋》，便事先预备一些刁钻的问题到会。

元善见来者不善，私下对何妥说："我名望已定，您就别不服气了。"何妥可不管你这一套，微微一笑："那咱们等着瞧吧。"

等元善开讲后，何妥就迫不及待地对其发起诘难，元善在讲台上被问得张口结舌，脸红一阵白一阵的。

文帝特地从山东聘请的六个大儒，他们的学识也不怎么样，粗俗鄙陋，毫无礼仪规范。文帝见后大失所望，渐渐地，朝廷也不拿这些所谓的大儒当回事儿了。

开皇九年（589年），陈朝灭亡，国家统一。陈朝的德才兼具者大有人在，文帝把这些文化人都转移到京师，甚至有不少人被充实到中央学术机构中去。其余的学者多在地方上当老师。

在文帝对文治政策的大力推行下，隋朝的文教事业迎来一个生机勃勃的大发展阶段，尽管见效慢，但是，国民都在坚持做这件事。

后来的唐朝魏徵对隋朝的文化事业给予很高的评价："高祖膺期纂历，平一寰宇，顿天网以掩之，贲旌帛以礼之，设好爵以縻之，于是四海九州强学待问之士靡不毕集焉。"

魏徵说了当时隋朝读书的盛况："齐、鲁、赵、魏，学者尤多，负笈追师，不远千里，讲诵之声，道路不绝。"

发展文化事业，离不开知识的载体——书籍。之前的几百年战

第八章　政治修明，国泰民安

乱，使得大量的文献典籍在战火中焚毁、遗失。隋朝立国伊始，出现了"书荒"，想建个图书馆都没什么书可放。到了隋朝建立，共收得图书一万五千余卷。但是卷与卷之间，还大多衔接不上，还不及梁朝图书旧目的一半。这与一个统一的王朝实在是不匹配。

面对图书事业满目疮痍的惨状，时任秘书监的牛弘大呼："皇上：昔日陆贾向汉高祖上奏：'天下不可马上治之。'臣也认为治国安邦在于典章制度，为国之本，书籍最重要。"

尽管当时国家经济困难，文帝还是大笔一挥，批准牛弘的请求，出巨资向天下征集图书典籍。

开皇三年（583年），为了改变缺乏书籍的窘境，文帝派遣使者到民间征书，以人仕、金银、耕牛来奖励献书者，秘书省抄录校对完毕后，再将书籍物归原主。

当时，国家购求一卷书的奖赏是一户农民一年不用交税，等于种地落得个纯收入，这是相当重的奖了。民间藏书者纷纷将古书奇书献出来，有很多人因此成了小财主。没几年馆藏篇籍初具规模。

东汉时，著名书法家蔡邕曾经在石碑上书写过七经。此后，曹魏时又刻三字石经。北齐高欢觉得这是好东西，就想把它据为己有。如何把这重量巨大的石碑运回呢？古代，交通工具大多是用驴子、马等拉车，驴马自然不能负石碑之重，高欢只好从洛阳走水运，想用船将石碑运至邺都，不料，途中船遇难，石碑损毁不堪。多年过去了，石碑一直被遗弃在原北齐境内。

开皇六年（586年），文帝下令将石碑运到长安，放到秘书省内。这些石碑历经辗转，加之长途运送，文字难以看清了。文帝便让知名学者刘炫和刘焯对石碑进行校订，并将石碑移至国子监进行修补。

对隋朝文献事业贡献最大者，当属许善心。许善心原是陈朝学者，才思泉涌，见多识广，家有藏书一万多卷，他全都通读过。开皇八年（588年）许善心作为陈朝使节访问大隋，刚好两国交战，文帝就拖着不许他回国。许善心多次上表请求回家，文帝都没有批准，他被迫留在驿馆。陈朝灭亡，文帝命他到门下省任职。

开皇十六年（596年），有雀降临含章殿，文帝以为神鸟下凡，赐宴百官。许善心当场写下《神雀颂》，文采十足，文帝大赞其才华。第二年，敕令许善心为秘书丞。

许善心见秘藏图籍尚不完备，且多混乱，就废寝忘食地编起书来。他仿效梁朝文献目录学家阮孝绪的七类分法，将图籍分门别类，加以编纂：即每部书有总序冠于篇首，接着是目录，目录之下阐明作者写书的意图。书籍编成之后，命名为《七林》。

许善心又奏请文帝，将李文博、陆从典等数十人聘请到中央秘书省工作，这数十人都是当时学术界大腕级人物。学者们对各类文献一一考订，校正谬误。隋朝的文献整理工作见效很快，许善心功不可没。